Predicando con Impacto

Preparación y Presentación de Mensajes Bíblicos

Editor
Danny Román-Gloró, Ph.D.

First Fruits Press
Wilmore, Kentucky

c2019

ISBN: 9781621719120 (paperback)

Predicando con impacto : preparación y presentación de mensajes Bíblicos.
Editor: Danny Román-Gloró.
First Fruits Press, ©2019
Digital version at http://place.asburyseminary.edu/academicbooks/30

Predicando con impacto
   Predicando con impacto : preparación y presentación de mensajes Bíblicos /
editor, Danny Román-Gloró. -- Wilmore, KY : First Fruits Press, ©2019.

   144 pages : cm

   ISBN: 9781621719120 (paperback)
   ISBN: 9781621719137 (uPDF)
   ISBN: 9781621719144 (Mobi)
   OCLC: 1089199576

   1. Preaching--Handbooks, manuals, etc. 2. Hispanic American preaching.
   3. Bible--Homiletical use. I. Román-Gloró, Danny.

BV4211.3.P732 2019   251

Cover design by Jon Ramsay

asburyseminary.edu
800.2ASBURY
204 North Lexington Avenue
Wilmore, Kentucky 40390

First Fruits
THE ACADEMIC OPEN PRESS OF ASBURY SEMINARY

First Fruits Press
The Academic Open Press of Asbury Theological Seminary
204 N. Lexington Ave., Wilmore, KY 40390
859-858-2236
first.fruits@asburyseminary.edu
asbury.to/firstfruits

Predicando con Impacto

◇◇◇◇◇◇◇◇◇◇◇◇◇◇◇◇◇◇◇◇◇◇

Preparación y Presentación de Mensajes Bíblicos

◇◇◇◇◇◇◇◇◇◇◇◇◇◇◇◇◇◇◇◇◇◇

Editor
Danny Román-Gloró, Ph.D.

Este libro fue producido gracias a una generosa donación de la Fundación Lilly (Lilly Endowment).

This book was produced thanks to a generous grant from the Lilly Endowment.

Colaboradores

Lizette M. Acosta, PhD (ABD), es directora del Programa de Formación Ministerial (LMFP) de Asbury Theological Seminary. Este programa (en español) se enfoca en el desarrollo de pastores/pastoras y líderes el beneficio de la Iglesia y la transformación del mundo. Lizette enseña en las áreas de estudios bíblicos (Nuevo Testamento) y hermenéutica en Asbury Theological Seminary y en el Seminario Wesley-Indiana Wesleyan University. Lizette completo un PhD en estudio bíblicos (Nuevo Testamento) en Regent University y completó una maestría en divinidad de Fuller Theological Seminary. Lizette es un ministro ordenado en la Iglesia Cristiana (Discípulos de Cristo) y predica frecuentemente en iglesias de habla castellana e inglesa) a través del área metropolitana de Orlando, FL. Lizette nació en Puerto Rico y creció en el área de Los Angeles, California.

Jared E. Alcántara, PhD., es profesor asociado de homilética de Truett Theological Seminary (Baylor University Waco, Texas). Anteriormente enseñó en Trinity Evangelical Divinity School (Deerfield, Illinois) en los años 2014-18. Jared tiene un B.A. Wheaton College, un MDiv. de Gordon-Conwell Theological Seminary, un ThM. de New College (University of Edinburgh), y un PhD. de Princeton Theological Seminary. Es un ministro ordenado en la Iglesia Bautista, y ha servido como pastor de jóvenes, pastor asociado, y pastor de enseñanza en Illinois, Massachusetts, Oregon y New Jersey. Jared es oriundo de New Jersey y su padre es de Honduras.

Tito Madrazo, ThD., es el fundador y director de la Iniciativa Pastoral Hispano-Latina de Duke Divinity School (Duke University). Esta iniciativa brinda capacitación teológica y ministerial a la comunidad hispana en North Carolina. Además de graduarse y obtener maestrías de las universidades de Baylor y Gardner-Webb, Tito completó su doctorado en Duke Divinity School (Duke University) con un enfoque en homilética. Su disertación, *Predicadores: Un Estudio Etnográfico de Predicadores Hispanos y Protestantes*, se enfocó en predicadores inmigrantes y su proclamación dentro de iglesias protestantes. Tito es un pastor bautista ordenado y ha pastoreado congregaciones en

Carolina del Norte desde 2003. Tito es oriundo de Venezuela y creció en Texas después de inmigrar allí con su familia.

Danny Román-Gloró, PhD., es el director de Asbury En Clave Latina (Asbury Latino Center), una iniciativa del Asbury Theological Seminary que se enfoca en el desarrollo de programas bilingües y en español para servir a la Iglesia Latina. También se desempeña como director de la Iniciativa para la Excelencia en la Predicación de Asbury, que está enfocada en ayudar a los pastores y líderes latinos y afroamericanos a cultivar y mejorar sus destrezas de predicación. Danny enseña predicación, oratoria y teoría de la comunicación en Asbury Theological Seminary, Western Theological Seminary, Garrett-Evangelical Theological Seminary y Valencia College. Danny tiene un Ph.D. en Comunicación (Regent University) y un D.Min en Predicación (Gordon-Conwell Theological Seminary). Danny ha servido como pastor (en las iglesias de habla castellana e inglesa) en Chicago, Boston y Miami. Él es un anciano ordenado en la Conferencia del Atlántico Sur de la Iglesia Metodista Libre. Danny nació y se crió en San Juan, Puerto Rico.

Alma T. Ruiz, MDiv., es la codirectora de la Iniciativa Pastoral Hispano-Latina en Duke Divinity School (Duke University). Alma es la primera recipiente de la beca de *Lilly Endowment* para estudiantes hispano-latinos /as en el programa de Doctorado en Teología (Th.D.) en homilética. Alma es también la *Denman Fellow* de la Fundación para Evangelismo (FFE) 2016. Alma ha enseñado en el Curso de Estudio (Course of Study) de Duke Divinity School en El Salvador. Este programa ofrece formación teológica a pastores y laicos de la Iglesia Metodista Unida en Centro América. Alma tiene una Maestría en Divinidad de *Duke Divinity School* (Duke University); un título en Educación de Matemáticas de escuela secundaria de North Carolina State University; y un título en Ingeniería de la Universidad de Cesues México (2002). Alma es una anciana ordenada en la Conferencia de North Carolina de la Iglesia Metodista Unida y es pastora asociada de Fiesta Cristiana, una de las comunidades de fe de la Iglesia Metodista Unida en Apex, North Carolina. Alma es oriunda de Mexico.

TABLE OF CONTENTS

Introducción

2

El Apostol Pablo se encontraba preso en espera de juicio cuando decidió escribirle a su aprendiz Timoteo. Pablo deseaba exhortar a Timoteo y prepararlo para los retos del ministerio. Dentro de esta exhortación leemos estas palabras:

En presencia de Dios y de Cristo Jesús, que ha de venir en su reino y que juzgará a los vivos y a los muertos, te doy este solemne encargo: Predica la Palabra; persiste en hacerlo, sea o no sea oportuno; corrige, reprende y anima con mucha paciencia, sin dejar de enseñar. Porque llegará el tiempo en que no van a tolerar la sana doctrina, sino que, llevados de sus propios deseos, se rodearán de maestros que les digan las novelerías que quieren oír. (I Timoteo 4:1-3)[1]

El énfasis y la gravedad de las palabras que Pablo escogió para exhortar a Timoteo señalan la importancia de la predicación, pero la predicación que sea basada en la Biblia. Que la Biblia sea la base y el enfoque de la predicación es un principio teológico que ha sobrevivido a través de los siglos de la historia de la Iglesia que Jesús fundó. Por lo tanto, el sermón debe estar firmemente establecido en la Biblia. Pero no sólo en la Biblia sino en un texto o pasaje bíblico. Esto no quiere decir que no mencionemos o no citemos varios textos bíblicos como parte del sermón, sino que el énfasis de un sermón debe estar en las ideas o principios que se encuentran en un solo pasaje o texto bíblico. El texto seleccionado con este propósito debe convertirse en el fundamento por

---

1	Toda cita bíblica, a menos que se indique lo contrario, provienen de la Nueva Version Internacional. Sociedad Biblica Internacional. *La Santa Biblia Nueva Version Internacional*. (Miami, FL: Editorial Vida, 1999).

medio del cual el predicador va a construir el sermón y del cual las ideas del sermón se van a derivar. Haddon Robinson en su libro *La Predicación Bíblica* ofrece una definición de la predicación que cubre el sermón basado en un texto bíblico:

> La predicación es la comunicación de un concepto bíblico, derivado y transmitido a través de un estudio histórico, gramatical y literario de un pasaje [bíblico] en su contexto, que el Espíritu Santo aplica primero a la personalidad y experiencia del predicador, y luego a través del Predicador, se aplica a los oyentes.[2]

Esta definición[3] claramente establece que el sermón no puede desarrollarse de una manera improvisada; sino que el sermón se desarrolla a través de un detallado estudio de un pasaje o texto bíblico, derivación de una idea o concepto y de la aplicación de dicho principio a la vida del predicador y a la vida de la congregación u oyentes.

Contrario a la noción popular de que el predicador solo necesita abrir su boca y que el Espíritu Santo le da las palabras, la predicación bíblica y eficaz está arraigada en el estudio exhaustivo de la Biblia y en la preparación de un sermón que el Espíritu Santo usa para transformar a los oyentes. A través de la Biblia vemos un sinnúmero de ejemplos donde la predicación es producto de una colaboración entre Dios y un ser humano. Esta idea no niega que el predicador trabaja bajo la guía e inspiración del Espíritu Santo. Al contrario, el Espíritu Santo es el que le da autoridad y así mismo dirige al Predicador a escoger el pasaje bíblico, a completar el estudio de este, a desarrollar el sermón y a presentar o

2   Robinson, Haddon W. *La Predicación Bíblica* (Miami, FL: Logoi Ministries, 2016)
3   La definición de la predicación ofrecida por Robinson no es la única y tal vez no sea la mejor definición de la predicación, pero ciertamente ofrece un concepto muy integro de lo que es la predicación bíblica.

comunicarlo a los oyentes. El predicador bíblico es aquel que busca el poder del Espíritu Santo en cada etapa del desarrollo del sermón y de su comunicación. Por lo tanto, la preparación consciente y detallada de un sermón no es antítesis a la manifestación del Espíritu Santo en el proceso de preparación y comunicación; sino que la manifestación del Espíritu Santo ocurre a través del proceso de preparación y comunicación de un sermón.

La otra realidad que se vislumbra a través de esta definición es que la predicación es un proceso que conlleva varias etapas de desarrollo. Bajo la dirección del Espíritu Santo, el/la predicador(a) labora para escoger un pasaje o texto, estudia dicho pasaje, prepara un sermón y luego lo comunica. Cada una de estas etapas requiere una serie de destrezas que necesitan ser cultivadas por el predicador(a) para desarrollar un ministerio eficaz. El predicador(a) necesita tomar tiempo para desarrollar estas destrezas y practicarlas no solamente como parte de su preparación ministerial, sino como también objeto de una constante labor de mejoramiento personal. El Apóstol Pablo nos exhorta a que "Nunca dejen de ser diligentes; antes bien, sirvan al Señor con el fervor que da el Espíritu" (Rom. 12:11). Ciertamente, esta exhortación aplica a nuestro compromiso como predicadores y es un llamado a que constantemente, como siervos de Dios, trabajemos en el desarrollo de las destrezas de predicación que tenemos y que desarrollemos nuevas destrezas que pueden mejorar la calidad de nuestra predicación. Por lo tanto, debemos entender que la predicación se debe realizar dentro de un marco que refleja la búsqueda de una constante mejoría en su preparación y comunicación, y que guiados por el Espíritu Santo podemos desarrollarnos como predicadores mas eficaces.

El propósito de este libro es proporcionar un grupo de destrezas que puedan ayudar al predicador/a novato a comenzar el proceso de convertirse en un/a predicador/a eficaz. Sin embargo, aunque este libro está dirigido al predicador/a novato, no significa que las destrezas detalladas en este libro no sean fáciles de poner en práctica. Estas destrezas requieren práctica y aplicación consistente de parte del predicador. El hecho de que estas destrezas son tan críticas a la predicación eficaz y que requieren constante práctica implica que este libro también puede ser de ayuda para el predicador experimentado que podría usar este libro para repasar estas destrezas y volverse a comprometer a una constante práctica.

Este libro consta de seis capítulos. Cada capítulo puede usarse independientemente de los otros, sin embargo, el orden de los capítulos refleja el proceso de preparación y comunicación del sermón. Por lo tanto, todos los capítulos son de suma importancia, y se recomienda que la primera vez que se lea este libro, los capítulos se lean en orden. Sin embargo, una vez el libro se ha leído en orden, el lector puede regresar a cualquier capítulo que lo ayude en una área en particular sin la necesidad de leer todo el libro nuevamente.

El primer capítulo del libro presenta una teología de la predicación. En otras palabras, contesta la pregunta: "¿Por qué predicamos?" Muchas veces nos enfocamos en el "¿Qué?" predicamos y en el "¿Cómo?" predicamos, pero no reflexionamos en la pregunta "¿Por qué?" Sin embargo, cuando tenemos una respuesta clara a la pregunta de "¿Por qué?" predicamos es mucho más fácil saber ¿Qué? y ¿Cómo? La predicación en una tarea teológica que requiere que tengamos un claro entendimiento de cuál es la razón por la cual lo hacemos. Este capítulo lo ayudará a desarrollar un entendimiento de las bases teológicas de esta tarea de tanta transcendencia.

El segundo capítulo está dedicado al proceso de estudio bíblico. Cuando nos paramos frente al púlpito podemos predicar muchas cosas. Sin embargo, para que el sermón sea un sermón bíblico necesita estar basado en la Biblia. En otras palabras, las ideas comunicadas por medio del sermón necesitan estar formadas por un texto bíblico. Por lo tanto, el estudio de la Biblia en preparación de un sermón es una tarea central del proceso. Este capítulo le provee las herramientas necesarias para estudiar la biblia con el propósito de extraer los principios bíblico-teológicos, de un texto bíblico, que formaran las bases del sermón.

Una de las preguntas que más hacen los estudiantes de predicación es: ¿Cómo me muevo del texto bíblico a un sermón? El tercer capítulo se enfoca en responder a esta pregunta, y describe las maneras en que el predicador usa las ideas cultivadas en el estudio de la Biblia para comenzar a construir el sermón. Si utilizamos la metáfora de la preparación del sermón como la construcción de una vivienda, el estudio bíblico es la preparación del terreno en el cual se va a edificar el sermón, y los pasos descritos en este capítulo son la construcción de la fundación del edificio. Sin los pasos descritos en este capítulo el sermón no tendrá substancia.

Si continuamos con la metáfora de la construcción de un edificio, el cuarto y quinto capítulo describen el proceso de construir el edificio, el terreno que proveyó el estudio bíblico y la fundación creada por el proceso descrito en el tercer capítulo. Este capítulo se enfoca en la forma del sermón, y responde a la pregunta de cómo organizar de una manera coherente y efectiva las ideas que el predicador desea comunicar. Un sermón sin forma deja a los oyentes confundidos y sin una enseñanza que se puedan llevar en su corazón y recordar cuando la necesiten. Por eso el sermón necesita una forma que comunique con efectividad las ideas que el predicador ha extraído de la Biblia.

El último capítulo está enfocado en como presentar o comunicar el sermón. Un comunicador eficaz necesita tomar tiempo para desarrollar las destrezas de comunicación que son esenciales para ayudar a la audiencia a involucrarse en el proceso de comunicación y que pueda absorber el contenido del sermón. Existen dos realidades que el predicador confronta: un mensaje de substancia que no se comunica efectivamente no produce cambio espiritual, y un mensaje al que le falta substancia, pero se comunica con gran eficacia, aunque entretiene, no produce cambio espiritual.

Los seis capítulos de este libro reflejan un proceso eficaz para desarrollar y comunicar un mensaje que el Espíritu Santo puede usar para transformar individuos y comunidades. Por esta razón se los encomendamos con el deseo que su ministerio sea impactado y se convierta en una herramienta de Dios para la transformación del mundo y la expansión de su Reino.

Rvdo. Danny Román-Gloró, Ph.D.
Director de Asbury En Clave Latina (Asbury Latino Center)

Capítulo 1

PREDICADORES Y LA PREDICACIÓN: UN FUNDAMENTO TEOLÓGICO

Tito Madrazo

Ser Predicador/a

"Por otra parte, ya no es el sacerdote—el profesional de
la Palabra de Dios—quien se dirige a las gentes y sirve
de vehículo al mensaje; sino el zapatero, el minero, el
vendedor de empanadas; en una palabra, los personajes
de la vida cotidiana. El que habla, podría ser uno de los
que pasan; y el que pasa, podrá muy bien algún día ser
el predicador."[4]

Estas palabras fueron escritas por un famoso antropólogo,
Christian Lalive d'Epinay, en su libro *Refugio de las Masas*, un
estudio del movimiento pentecostés en Chile. Escribiendo en el año
1969, d'Epinay estaba tratando de entender el crecimiento tan rápido
de la población protestante en este país de Sudamérica. Entre los
resultados de su investigación, estaba este reflejo sobre la identidad del
predicador. En lugar de tener sacerdotes con mucho entrenamiento,
que tal vez venían de diferentes trasfondos socio-económicos o incluso
de otros países, las nuevas iglesias protestantes tenían diferentes tipos
de personas sirviendo "de vehículo al mensaje." Eran "los personajes
de la vida cotidiana" que tenían ya la ventaja de conocer a la gente y
entender la situación y las costumbres suyas. ¿Pero cómo llegaron a ser
predicadores esos zapateros o mineros? Si Ud. está leyendo este libro
es probable que Ud. también es uno de los que antes pasaba, pero ahora
se ha convertido en uno de los que habla, o por lo menos Ud. está en el
proceso de esa conversión.

Primero, debemos distinguir entre la conversión más importante
que es la conversión a la fe—el renacimiento por medio de Jesucristo—y
este cambio adicional que es recibir el llamamiento a predicar. Podemos
ver la importancia relativa de cada una de esas conversiones por el orden

---

4   Christian Lalive d'Epinay, *El Refugio de las Masas—Estudio Sociológico
del Protestantismo Chileno* (Santiago, Chile: Editorial del Pacífico, S.A., 1968), 79.

en que ocurren. Alguien puede ser un creyente bueno y fiel sin tener un llamamiento para ser un/a predicador/a, pero nadie puede predicar el evangelio de una manera íntegra si no ha tenido una experiencia personal con Cristo. Esto no quiere decir que los demás cristianos no tienen un llamamiento. Cada creyente tiene un llamamiento de ser testigo al evangelio. En Hechos 1:8, Jesús dice, "pero recibiréis poder cuando haya venido sobre vosotros el Espíritu Santo, y me seréis testigos en Jerusalén, en toda Judea, en Samaria y hasta lo último de la tierra." Esto era—y sigue siendo—un llamamiento para todos los que reconocen a Cristo como Señor y salvador.

Pero también vemos otro tipo de llamamiento más específico en las escrituras—el llamamiento a proclamar la palabra de Dios. En el sexto capítulo de Isaías encontramos la historia del llamamiento de este profeta. En el primer versículo, Isaías dice:

> El año en que murió el rey Uzías vi yo al Señor sentado sobre un trono alto y sublime, y sus faldas llenaban el Templo.

El profeta Isaías tuvo una visión que iba a cambiar toda su vida desde este punto en adelante, pero es importante también reconocer que esta visión tuvo un contexto. Tomó lugar "en el año en que murió el Rey Uzías." ¿Qué significado tiene eso? El rey Uzías había gobernado sobre el pueblo de Judá por cincuenta y dos años. Fue uno de los reinados más largos en toda la historia de Israel y Judá y por la mayor parte de la vida de Uzías, el pueblo tenía paz y prosperidad. Pero con su muerte llegó un tiempo de incertidumbre. ¿Quién lo iba a reemplazar? ¿Sería un rey fiel a los mandamientos de Dios o no? ¿Seguiría Judá recibiendo la bendición de Dios bajo su liderazgo?

Como todos los ejemplos de llamamiento que encontramos en la Biblia, este momento en la vida de Isaías sucedió en un momento de necesidad para él y su pueblo. Dios llamó a Noé para rescatar un remanente de la población humana. Llamó a Moisés porque había visto la aflicción de los esclavos hebreos en Egipto. Llamó a David porque el pueblo de Israel necesitaba un rey conforme al corazón de Dios. Cuando hablamos del llamamiento de Dios, siempre hay un contexto de necesidad, y lo mismo es cierto cuando Dios llama a hombres y mujeres a predicar hoy. En el contexto hispano en los Estados Unidos, hay mucha adversidad social y económica, así como espiritual. Escribiendo hace casi cuarenta años, el famoso predicador cubano-americano, Cecilio Arrastía describió la carga de la pobreza experimentada por muchos de sus contemporáneos:

> El desbalance económico es real: unos pocos con mucho y unos muchos con poco. Es cierto que miles de hispanohablantes arribaron a tierras de Norte y han hecho capital y han logrado educar a los suyos y viven con holgura y abundancia. Pero hay miles, sin incluir a las últimas oleadas de centroamericanos, que aún se debaten en la pobreza.[5]

Cuarenta años después, en Carolina del Norte, yo trabajo con nuevas oleadas de hispanohablantes que aún se enfrentan a una pobreza extrema y a otras dificultades específicas de su contexto. Los primeros inmigrantes hispanos en esta zona vinieron para trabajar durante la cosecha de tabaco. Muchos vivían en viejas casas móviles con varias personas previamente desconocidas. Ganaban poco y experimentaban

---

5   Cecilio Arrastía, *Teoría y Práctica de la Predicación* (Miami, FL: Editorial Caribe, 1978), 29.

mucha soledad separados de sus familias. También tuvieron que acostumbrarse a diferentes tradiciones, aprender por lo menos un poco de un idioma muy difícil, y enfrentar la desconfianza y a veces el racismo de una comunidad nueva. La población hispana aquí ha crecido rápidamente en las últimas décadas, estableciéndose en las ciudades grandes también, pero todavía muchos hispanos viven en los márgenes de la sociedad. Los inmigrantes indocumentados (quienes forman la mitad o más de los congregantes en muchas iglesias) viven con el temor de ser arrestados, deportados y separados de sus familias, posiblemente para siempre. Con todas estas heridas, los hispanos aquí tienen una desesperación de conocer a un Dios que les ama, que les puede dar una nueva identidad, y que les está invitando a ser parte de su familia.

Además de las necesidades del pueblo, hay una escasez de predicadores para las nuevas iglesias sirviendo la comunidad hispana. Conozco muchos pastores que están sirviendo dos iglesias, predicando en una por la mañana y en otra por la tarde. Hay otras iglesias que no tienen pastores y los laicos toman turnos en el púlpito. Varios pastores que han tomado cursos conmigo empezaron su ministerio así. El pastor anterior se mudó a otro estado por su trabajo secular (casi todos los pastores son bivocacionales) o tuvo que irse por su situación migratoria, y ellos tomaron sus primeros pasos como predicadores por necesidad, pensando que solo sería por unas semanas. Pero el tiempo sigue pasando y la congregación añade su voz a la voz llamativa de Dios en el texto de Isaías: "¿A quién enviaré y quién irá por nosotros?" Muchos pastores han discernido la voz de Dios en el contexto de necesidad dentro de sus propias iglesias. La situación que Christian Lalive d'Epinay describió entre los pentecostales en Chile no es muy diferente de la realidad de muchos predicadores protestantes en los Estados Unidos: él (o ella) que pasa podrá algún día ser el predicador o la predicadora.

Pero este cambio viene con su propia incertidumbre. Sí, hay mucha necesidad, pero ¿Quién soy yo para recibir un llamamiento de Dios? ¿Quién soy yo para predicar su palabra? Isaías tenía sus dudas también estando en la presencia de Dios. El futuro profeta dijo:

> ¡Ay de mí que soy muerto!, porque siendo hombre inmundo de labios y habitando en medio de pueblo que tiene labios inmundos, han visto mis ojos al Rey, Jehová de los ejércitos.

La admisión de Isaías de su propia insuficiencia, no sólo para ser profeta (recuerde que todavía no había recibido ese llamamiento específico) sino también para estar en la presencia de Dios, tiene muchos análogos en las escrituras también. Cuando Dios llamó a Moisés, él respondió que era "tardo en el habla y torpe de lengua." Jeremías dudó que Dios pudiera usarlo porque tampoco hablaba bien, y además era demasiado joven. María no podía entender cómo podría dar a luz al hijo de Dios siendo virgen. He escuchado muchas razones del por qué la gente está segura que no pueden responder al llamamiento de Dios para predicar. O son muy jóvenes o muy mayores. Nunca cumplieron su educación en su país de origen, y nunca tuvieron la oportunidad de estudiar aquí porque tenían que trabajar. O son mujeres, y por tradición en sus iglesias los hombres suelen ser los predicadores, lo cual no les permite a ellas responder al llamamiento de Dios y desarrollar sus dones.

Posiblemente hay excusas válidas para no aceptar al llamamiento de Dios, pero la insuficiencia nuestra no es una de ellas. Cuando Isaías dijo que era un hombre inmundo de labios, Dios no le dijo, "Tienes razón, buscaré a alguien más." No, en cambio, Dios tomó un carbón encendido del altar y tocó los labios de Isaías, diciéndole que su pecado había sido limpiado y su culpa quitada. Su propia insuficiencia no tenía que ser un obstáculo para Isaías, ni para otros hombres y mujeres que recibieron el llamado de Dios. Dios le dio a Moisés un portavoz, su hermano Aarón. Cuando María estaba perpleja, el Espíritu Santo obró de una manera milagrosa, y ella concibió. Y cuando Jeremías no sabía que decir, Dios puso sus propias palabras en su boca. Como predicadores guardamos en nuestros corazones las palabras que Dios dijo a Pablo y que encontramos en 2 Corintios 12:9, "Bástate mi gracia, porque mi poder se perfecciona en la debilidad." Uno de mis amigos sirviendo como pastor en Carolina del Norte vino a los Estado Unidos a los nueve años. Había perdido a su madre, y vino para trabajar al lado de su padre en los campos agrícolas. Nunca más regresó a la escuela y desde muy joven empezó a tomar demasiado. Una noche estaba tomando en un bar y hubo una pelea. Mi amigo no tiene ninguna memoria de esa noche, pero su familia lo encontró inconsciente y casi muerto en el piso del baño. Lo llevaron en ambulancia al hospital y él pasó meses en una cama entre la vida y la muerte. Por fin, se despertó, pero no tenía ninguna sensación en las piernas ni podía mover muy bien los brazos. Tenía roto el cuello y nunca más volvería a caminar.

La verdad es que mi amigo quería morirse y convenció a su familia para que lo llevara otra vez a México donde realmente no habían los recursos para mantenerlo con vida. Pero algo raro sucedió allá. Primero, él conoció a Cristo a través de la misericordia que mostró su tía en cuidarlo. Después, empezó a dirigir un estudio bíblico en una pequeña iglesia en esa zona aislada de México. Eventualmente, su hermano lo llevó otra vez a los Estados Unidos, y mi amigo no encontró ninguna iglesia hispana ya establecida en su pueblo sino una

obra nueva iniciada por un misionero anglo-americano. El empezó
trabajando con ese misionero, dirigiendo la escuela bíblica hasta que
un día el misionero tuvo que irse, y sin haberle dicho a mi amigo
antes, lo presentó a la congregación como el próximo pastor. Mi amigo
estaba muy enojado. No quería ser pastor y no sabía cómo hacerlo si
no podía caminar ni manejar. Ni sabía en aquel entonces escribir muy
bien. Predicó sus primeros mensajes como pastor con mucha ansiedad
sobre su llamamiento, pero la gente respondió de todos modos. La
iglesia creció, y él empezó a estudiar, llenando algunos de los vacíos
en su educación. Entrenó a muchos de los laicos en su congregación
y los mandó a empezar nuevas congregaciones en diferentes ciudades.
A través de veintisiete años, el ministerio de este pastor paralítico ha
creado a más de treinta iglesias nuevas.

El poder de Dios se perfecciona en la debilidad. Por eso—no
por nuestra inteligencia ni por nuestra fuerza—podemos responder al
llamamiento de Dios. A pesar de nuestra insuficiencia, podemos decir
como dijo Isaías, "Heme aquí, envíame a mí."

Hacia una Definición de la Predicación

¿Pero qué es lo que Dios nos está enviando a hacer? El teólogo
y pastor puertorriqueño Orlando Costas dice que la predicación "es
la responsabilidad primordial de la iglesia."[6] La importancia de la
predicación se destaca en el pronunciamiento de Pablo a los romanos
que "la fe es por el oír" y también en el último mandamiento de Jesús
en el evangelio según Marcos: "Id por todo el mundo y predicad el
evangelio a toda criatura." ¿Pero, cómo definimos la predicación? ¿Cuál
es su naturaleza? ¿Cuáles son sus metas? Podemos aprender mucho

---

6   Orlando Costas, *Comunicación por Medio de la Predicación* (Miami, FL:
Editorial Caribe, 1989), 22.

sobre estos asuntos en una investigación de las palabras griegas que usa el Nuevo Testamento para el acto de predicar.[7]

La palabra más común para la predicación en los evangelios según Mateo y Marcos es *kēryssō*.[8] Esta palabra quiere decir "proclamar" o "ser un heraldo." Tiene la connotación de un heraldo de la época medieval tocando una trompeta y después anunciando el mensaje del rey. En este sentido, no hay mucho énfasis en la persona del predicador. Él o ella existe como el portavoz del rey. El mensaje no es sólo para la iglesia, sino que es una proclamación pública de las intenciones del rey. En vez de indicar cuales son las intenciones por proclamar, este verbo se enfoca más en el acto de transmitirlas. Como heraldo, el predicador no inventa el mensaje sino que lo trae del rey mismo al pueblo. Cecilio Arrastía escribe que, como heraldos, "no predicamos *ex nihilo*[9] sino con la "materia" que Dios nos ha dado."[10]

Otra palabra muy común para la predicación es la palabra griega *euangelizō*. Este término es el verbo preferido por el acto de predicar en los libros de Lucas y Hechos.[11] De la palabra *euangelizō* sacamos nuestras palabras "evangelizar" y "evangelio." Evangelizar es

---

7   El famoso pastor y mártir alemán Dietrich Bonhoeffer analizó algunas de estas palabras en una lectura sobre la predicación incluida en el libro *Worldly Preaching*, ed. Clyde E. Fant (Nashville and New York: Thomas Nelson Inc., 1975), 123-130. También, mi antiguo profesor y querido amigo Charles Campbell analizaba diferentes palabras griegas para la predicación en sus clases por muchos años.

8   La palabra *kēryssō*, como todos los verbos griegos que veremos en este capítulo, está escrita en la primera persona singular en el presente del indicativo. Esta es la forma utilizada por la mayoría de los diccionarios y concordancias griegas. He transcrito todos los verbos griegos en este capítulo usando los estándares de la Sociedad de Literatura Bíblica. En alguna forma u otra, la palabra *kēryssō* aparece 61 veces en el Nuevo Testamento. Entre éstas, *kēryssō*, en una forma u otra, aparece 9 veces en Mateo, 14 veces en Marcos, y 9 veces en Lucas. El libro de Hechos también utiliza esta palabra 8 veces para describir la predicación de la iglesia primitiva.

9   Esta es una frase en latín que significa "de la nada"

10   Cecilio Arrastía, *Teoría y Práctica de la Predicación*, 26.

11   *Euangelizō* aparece 54 veces en el Nuevo Testamento—incluyendo 10 veces en Lucas y 15 veces en Hechos. Sólo ocurre una vez en Mateo, y no aparece

literalmente llevar el "buen mensaje" o "las buenas nuevas" a alguien más. Como la palabra *kēryssō, euangelizō* no revela mucho del papel del predicador en esta trasmisión. Tampoco nos da mucha información sobre cómo debemos compartir este buen mensaje, pero a pesar de estas limitaciones, evangelizar se ha convertido en el término dominante para la predicación por muchos pastores latinos. Evangelizamos porque reconocemos la necesidad de nuestros vecinos. Vemos las condiciones sociales y económicas tan difíciles en que muchos viven y entendemos que necesitan escuchar buenas noticias. Más que todo, reconocemos el peso del pecado que muchos cargan si no conocen a Cristo. Nos damos cuenta de la manera en que este pecado afecta no sólo a ellos, sino también a sus familias y a sus comunidades. La predicación comparte las buenas nuevas de la obra redentora de Jesucristo y de su oferta de liberación comenzando con el alma individual y extendiéndose a todos los aspectos de la vida. Orlando Costas dice que el concepto de evangelizar es tan fundamental al trabajo de predicar, que cada sermón, "no importa cuál sea su énfasis particular," debe "anunciar el evangelio y sus implicaciones para toda la vida."[12]

La próxima palabra que tenemos que incluir en cualquier análisis de la predicación en el Nuevo Testamento es *didaskō*. Esta palabra griega nos da nuestra palabra "didáctica," que significa el estudio de los métodos de enseñar. En todo el Nuevo Testamento, *didaskō* se traduce como "enseñar," entonces, ¿por qué debemos añadir esta palabra a nuestra investigación de la predicación? Porque *didaskō* es el término más usado para describir el aspecto oral del ministerio de Jesús. Todos los evangelios utilizan esta palabra,[13] y la usan con mayor frecuencia que en absoluto en Marcos ni en Juan.

12   Orlando Costas, *Comunicación por Medio de la Predicación*, 24.

13   *Didaskō* aparece 14 veces en Mateo, 17 en Marcos, 17 en Lucas, y 10 en Juan.

cualquier palabra normalmente traducida como "predicar." La mayoría de las veces cuando Jesús está hablando frente a multitudes, se dice que él estaba "enseñando" en lugar de "predicando." Pero su enseñanza a menudo tomaba la forma de un sermón. El ejemplo más famoso está en el quinto capítulo de Mateo donde empieza el Sermón del Monte. La Biblia dice que Jesús "les enseñaba." Entonces, ¿qué quiere decir que la predicación de Jesús muchas veces tomaba la forma de enseñanza (o por otro lado que su enseñanza se recibía como predicación)? Significa que la enseñanza, cuyo propósito es edificar la iglesia, forma una parte esencial de la predicación. La predicación no es sólo el anuncio de un heraldo a un grupo de extranjeros; también es una lección de un maestro a sus discípulos. Pablo Jiménez, un pastor puertorriqueño y profesor de la homilética, dice que "la tarea del predicador o de la predicadora no termina cuando una persona renuncia a la vida de pecado y acepta la gracia de Dios. Después de aceptar el mensaje del evangelio, cada creyente debe entrar en un proceso de crecimiento en la fe."[14]

Otra palabra muy importante para la predicación en el Nuevo Testamento es *martyreō*. Este verbo apenas aparece en los primeros tres evangelios,[15] pero es el término preferido para predicar en el evangelio de Juan, apareciendo 33 veces. En español, *martyreō* se traduce como "testificar," pero también podemos ver en este verbo griego nuestra propia palabra "mártir." Para predicar en este sentido de *martyreō*, tenemos que ser mártires. En el sentido antiguo, mártires no son sólo los que han sufrido por una causa (aunque eso también puede ser parte de su historia). Primeramente, mártires son testigos que han visto o han experimentado algo y por esa experiencia tienen un testimonio para compartir. Muchas personas pueden servir como heraldos, pero

14   Pablo Jiménez, *Principios de Predicación*, 23.
15   *Martyreō* aparece una vez en Mateo y en Marcos y no está en Lucas.

para testificar de la gracia de Dios o de su misericordia alguien necesita tener una experiencia personal de esos dones. Esta palabra nos dice que la vida de un/a predicador/a tiene mucho que ver con su predicación. Como testigos, predicadores tienen que ser personas íntegras cuyas vidas y palabras apuntan en la misma dirección.

Luego, tenemos una palabra muy común en las escuelas teológicas, aunque no tan común en la Biblia: *homileō*. De esta palabra griega sacamos nuestra palabra "homilética," denotando el estudio académico de la predicación. Este verbo sólo ocurre cuatro veces en el Nuevo Testamento, dos veces en Lucas y dos en Hechos. Se traduce normalmente como "hablar," y en Lucas es el verbo que describe la conversación entre los dos discípulos en camino a Emaús. Ellos hablaban "de todas aquellas cosas que habían acontecido." Era una conversación íntima entre iguales, y aunque este verbo no se traduce usualmente como "predicar," su adopción como parte importante del vocabulario de la predicación revela otro punto esencial sobre la identidad del predicador. *Kēryssō* y *martyreō* hablan de la relación entre un/a predicador/a y Dios. Como heraldo, el predicador es enviado por Dios, y como testigo, él o ella tiene que tener su propia experiencia personal con Dios. *Didaskō* enfoca en la relación entre un/a predicador/a y su audiencia—el predicador es como un maestro enseñando a sus estudiantes. *Homileō* también se trata de la conexión entre el predicador y los oyentes, pero trae un sentido diferente, recordándonos que también tenemos que caminar con el pueblo. En este viaje compartido, un/a predicador/a "inscribe en su mente las condiciones de vida de la comunidad"[16] para después poder compartir "todas aquellas cosas que habían acontecido" de una manera más accesible.

---

16   Cecilio Arrastía, *Teoría y Práctica de la Predicación*, 30.

La última palabra que incluiremos en este capítulo sobre la predicación es el verbo *parakaleō*. Ocurriendo muchas veces en el Nuevo Testamento, este verbo se traduce usualmente como "rogar" o "exhortar." El evangelio de Lucas lo usa para describir la predicación de Juan el Bautista. *Parakaleō* indica que la predicación debe llevar un sentido de urgencia—urgencia porque la gente tiene mucha necesidad y urgencia porque "la noche viene cuando nadie puede trabajar." La contribución más importante que este verbo ofrece, sin embargo, es su enlace con la palabra "Paráclito." En Juan 14:16, Jesús promete rogar por los discípulos, y dice que Dios les dará otro "Paráclito" para acompañarlos. Este Paráclito prometido es el Espíritu Santo quien está presente con nosotros siempre, sobre todo durante el acto de predicar. El verbo *parakaleō* nos recuerda que la predicación tiene una relación dinámica con la presencia y el poder del Espíritu Santo, el Paráclito que Dios nos ha dado. Es el Espíritu Santo "quien finaliza y hace penetrar el mensaje predicado."[17]

De estos seis términos bíblicos relacionados con la predicación podemos construir una definición de lo que significa predicar:

> La predicación es la proclamación de la palabra de Dios dentro (*homileō*) y fuera (*kēryssō*) de la iglesia por individuos que han experimentado la gracia de Dios de primera mano (*martyreō*). Empoderada por el Espíritu Santo (*parakaleō*), la predicación tiene como objetivos la salvación de la humanidad por medio de Jesucristo (*euangelizō)* y la edificación de la iglesia (*didaskō*).

---

17   Orlando Costas, *Comunicación por Medio de la Predicación*, 27.

La Predicación en Acción

Podemos ver esta definición de la predicación en el primer sermón de Jesús en el evangelio según Lucas. Este sermón aparece en el cuarto capítulo y es el primer acto del ministerio de Jesús después de su bautismo en el río Jordán y su tentación en el desierto. Fue un sermón corto pero impactante y revela mucho sobre la predicación:

> [16] Vino a Nazaret, donde se había criado; y el sábado entró en la sinagoga, conforme a su costumbre, y se levantó a leer. [17] Se le dio el libro del profeta Isaías y, habiendo abierto el libro, halló el lugar donde está escrito:
>
> [18] «El Espíritu del Señor está sobre mí, por cuanto me ha ungido para dar buenas nuevas a los pobres; me ha enviado a sanar a los quebrantados de corazón, a pregonar libertad a los cautivos y vista a los ciegos, a poner en libertad a los oprimidos [19] y a predicar el año agradable del Señor.» [20] Enrollando el libro, lo dio al ministro y se sentó. Los ojos de todos en la sinagoga estaban fijos en él. [21] Entonces comenzó a decirles:
>
> —Hoy se ha cumplido esta Escritura delante de vosotros.

La importancia del contexto

La primera cosa que descubrimos sobre este evento en la vida de Jesús es el contexto del sermón. Jesús vino a un pueblo particular con el cual tenía una historia personal, pero el pueblo de Nazaret y sus ciudadanos también tenían su propia historia. Cada lugar tiene su propia historia y contexto dentro de la gran historia escrita por Dios y la humanidad a través de los tiempos. Un predicador puede predicar las mismas palabras en Nazaret y Jerusalén pero los oyentes las van a recibir y entender de una manera distinta por sus diferentes contextos. También Jesús predicó en una sinagoga particular con sus propias tradiciones

litúrgicas. Hay que tener en cuenta este contexto eclesial como predicadores. Cada denominación tiene diferentes puntos de énfasis teológico,
y cada iglesia entre ellas tiene sus propios personajes y eventos que
han dado forma a su comprensión de su propósito en el reino de Dios.
Cecilio Arrastía dice de la Biblia, "que es libro que brota de una comunidad, se interpreta y estudia en el contexto de otra comunidad."[18] Un/a
predicador/a puede estudiar el contexto socio-histórico de una historia
bíblica en un comentario, pero eso es solo la mitad de la ecuación. Para
comenzar a entender los contextos complejos en los que predicamos
tenemos que compartir en la vida de los oyentes. Sólo así podemos com-
prender las conexiones entre el contexto de la Biblia y los contextos
suyos. Y cuando nuestro propio entendimiento se queda corto, confi-
amos en que el Espíritu Santo, el gran traductor, continuará el trabajo,
finalizando y haciendo penetrar el mensaje predicado.

El libro de la iglesia

Cuando Jesús se levantó a leer, no había traído su propio libro.
Le dio el libro un líder de la sinagoga. Siempre debemos recordar que
el libro del que predicamos no sólo pertenece a nosotros sino a la iglesia, tanto en el sentido local como global. Cuando subimos al púlpito,
venimos como uno más en una larga fila de personas a quienes la iglesia ha confiado la responsabilidad de leer y reflexionar sobre su libro.

Cuando nos vayamos, otro predicador tomará nuestro lugar,
pero la iglesia y su libro persistirán. Un/a predicador/a "no sólo predica
a la iglesia, sino que predica *desde* la iglesia y *con* la iglesia respaldando
su tarea."[19] Los judíos ortodoxos tienen un símbolo poderoso de esta
relación entre él que lee/predica y los oyentes. En vez de tener un púl-

---

18   Cecilio Arrastía, *Teoría y Práctica de la Predicación*, 17.
19   Cecilio Arrastía, *Teoría y Práctica de la Predicación*, 17.

pito en sus templos, tienen una *bimah*, una plataforma elevada con un escritorio sobre el cual extienden los rollos para leerlos. Pero la *bimah* no está ubicada en la parte delantera del templo; su lugar está justo en el medio del templo. El que habla se levanta de en medio de la gente. En la mayoría de nuestras iglesias el púlpito estará enfrente de la congregación, pero siempre debemos tener en cuenta que venimos a guiar y alimentar a la iglesia sólo porque primero la iglesia nos guió y alimentó.

Palabra eterna y una palabra para hoy

Este sermón en el cuarto capítulo de Lucas es muy corto: Jesús lee el pasaje y después comparte una reflexión muy corta sobre ello. La mayoría del sermón consiste simplemente en la lectura de la Biblia. Esto no quiere decir que predicar es sólo leer la Biblia en voz alta, pero si subraya un fundamento bastante importante de la predicación. En el primer siglo del movimiento protestante, el teólogo suizo Heinrich Bullinger escribió que "Praedicatio verbi Dei est Verbum Dei"[20] que quiere decir que "La predicación de la palabra de Dios es la Palabra de Dios." Por un lado, esta afirmación nos presenta una vista elevada de la importancia de la predicación: que puede ser la palabra de Dios. Pero el dicho no es "Praedicatio est Verbum Dei." Para llegar a ser la palabra de Dios proclamada, nuestra predicación tiene que surgir de la palabra de Dios escrita. El texto bíblico no debe servir simplemente como punto de partida para los predicadores que desean compartir sus propias ideas.

---

20   Esta afirmación fue incluida en la Segunda Confesión Helvética, una declaración de fe escrita por Bullinger en 1562 que ha sido fundamental para la Iglesia Reformada alrededor del mundo.

El sermón debe estar conectado al texto de tal manera que cada uno ilumine al otro, mientras que el espíritu de Dios ilumina a ambos.

Además de ser una palabra eterna, sin embargo, la predicación también debería traer una palabra para hoy. Después de leer el pasaje de Isaías, Jesús comenzó su reflexión con la palabra "hoy." El mensaje de Dios en Isaías era un anuncio de buenas nuevas para los pobres y libertad para los prisioneros. Estos imperativos son parte del propósito eterno de Dios, pero ¿cómo iba a cumplir Dios su voluntad en aquel día en Nazaret? ¿Cómo quiere cumplirla hoy? Pablo Jiménez habla de la importancia de predicar una palabra para hoy:

> La predicación hispana no se limita a explicar los rudimentos de la fe cristiana, sino que explora temas que son pertinentes para nuestro pueblo, como la identidad cultural de la comunidad latina; los problemas sociales que afectan a nuestro pueblo, como la inmigración, la pobreza, la criminalidad y la violencia doméstica; las manifestaciones sociales del mal, como el racismo, el sexismo, y la explotación económica; y, finalmente, las herramientas espirituales y humanas que puede usar la comunidad hispana para luchar por la vida; la fe, la esperanza, la solidaridad y la organización social.[21]

El poder revelador de la predicación

En su sermón en la sinagoga de Nazaret, Jesús compartió una asombrosa revelación acerca de cómo Dios deseaba cumplir las promesas anunciadas por Isaías. Dijo que se había cumplido esa Escritura delante de sus oyentes. Jesús estaba diciendo que él mismo era el cumplimiento de estas promesas. La lectura de la palabra y su

21   Pablo Jiménez, *Principios de Predicación*, 27.

reflejo sobre ella condujeron a este momento de revelación. Como este sermón de Jesús nuestra predicación debe ser un acto escatológico—un acto que mira más allá de la realidad que podemos ver y revela la verdad y el propósito de Dios. Más que todo debe revelar a Cristo quien es la verdad de Dios hecha carne y su propósito en forma humana. Cristo es a la vez la primera y la última palabra de Dios y por esto, toda predicación cristiana debe ser cristocéntrica. Cristo "como Palabra de Dios, es el factor normativo de toda predicación cristiana."[22] Cuando hombres y mujeres llamados por Dios predican su palabra para revelar la vida y la obra redentora de Cristo, la Escritura se cumplirá delante y dentro de los oyentes.

---

22   Cecilio Arrastía, *Teoría y Práctica de la Predicación*, 17.

Bibliografía

Arrastía, Cecilio.

>   1978. *Teoría y Práctica de la Predicación.* Miami, FL: Editorial Caribe.

Bonhoeffer, Dietrich.

>   1975. *Worldly Preaching.* Editado por Clyde E. Fant. Nashville and New York: Thomas Nelson Inc.

Costas, Orlando.

>   1989. *Comunicación por Medio de la Predicación.* Miami, FL: Editorial Caribe.

Jiménez, Pablo.

>   2003. *Principios de Predicación.* Nashville: Abingdon Press.

Lalive d'Epinay, Christian.

>   1968. *El Refugio de las Masas—Estudio Sociológico del Protestantismo Chileno.* Santiago, Chile: Editorial del Pacífico, S.A.,

Capítulo 2

¿CÓMO ESTUDIO LA BIBLIA PARA PREPARAR UN SERMÓN?

Lizette M. Acosta

En este capítulo vamos a explorar brevemente el porqué y cómo usamos la Biblia en la predicación. Esto es, las razones por las que el sermón debe comenzar y centrarse en el texto bíblico. Luego se presentaran varios modelos para realizar un estudio de la Biblia con el propósito de preparar un sermón.

Porqué usamos la Biblia para predicar

Quizás sea obvio decir que la Biblia es el enfoque de nuestra predicación, pero es importante entender porqué es así. En resumidas cuentas, la Biblia es el depositario principal de nuestro conocimiento de Dios, quién es y qué hace, y de lo que Dios espera de su pueblo. Es en la Biblia donde la Iglesia encuentra su origen, su propósito, y su futuro. Dios pretende que le conozcamos mediante su Palabra. También pretende transformarnos mediante ella. Utilizamos el texto bíblico porque la Iglesia temprana así lo hizo. La iglesia fundamentó su mensaje en la vida de Cristo, en relación a sus Escrituras (eso es, el Antiguo Testamento). De igual forma, nuestro mensaje siempre debe estar asentado en la Biblia. Thomas Long insiste en que cuando el mensaje está centrado en la Biblia, la iglesia es "nutrida y empoderada por Cristo y su identidad es re-formada."[1] Ciertamente, el predicador debe tener su comunidad de fe presente al desarrollar el sermón, pero siempre debe ser "el texto que inicia la conversación y nombra sus temas."[2]

Antes de entrar en cómo estudiar la Biblia para desarrollar un sermón, debemos saber algo de cómo nos acercamos a ella. Joel Green (*Siezed by Truth*) describe las aptitudes o predisposiciones debidas si es

---

1   Long, Thomas, *The Witness of Preaching* (Louisville: Westminster Press, 1989), 50.

2   Long, Thomas, *The Witness of Preaching* (Louisville: Westminster Press, 1989), 57.

que vamos a leer la Biblia de forma responsable.[3] *Primero*, la lectura de la Biblia debe darse dentro de la iglesia. Esto quiere decir que el intérprete es parte de una comunidad de fe, ya que el material bíblico se desarrolla dentro del pueblo de Dios. *Segundo*, el predicador o predicadora debe reconocer que él o ella viene de una tradición teológica que ha formado su reflexión teológica y los lentes mediante los cuales lee la Biblia. La realidad es que ningún lector lee la Biblia como una tabula rasa. Esto es, todo lector se llega a la Biblia con suposiciones y la lee dentro de su contexto. La ventaja de esto es que podemos compartir nuestras percepciones y de esta forma enriquecer nuestra interpretación. *Tercero*, la lectura de la Biblia en preparación para un sermón siempre debe ser con el propósito de "formar y nutrir la fe y vida del pueblo de Dios."[4] Por tanto, en nuestra preparación, esta pregunta debe estar presente: ¿cómo puede mi audiencia ser afectada por este punto, comentario, o ejemplo? *Cuarto*, debemos reconocer que leemos el texto bíblico desde nuestro contexto. *Quinto*, las herramientas de la crítica deben ser empleadas en el estudio de la Biblia. Esto quiere decir que: tanto el contexto original del texto como el de la comunidad actual deben ser considerados; el texto se debe leer dentro de la meta narrativa de Dios expresada en ambos testamentos; entendiendo que no somos los primeros en estudiar el texto, otras interpretaciones deben ser consideradas; el texto se debe leer con la comunidad de fe en mente. *Por último*, el leer la Biblia de forma responsable comienza y termina con el Espíritu Santo. El lector se encomienda a Dios en oración, y busca escuchar la voz del Espíritu en su preparación. Más que encomendarse, el intérprete se somete a la Biblia, dispuesto o dispuesta a que el texto bíblico le forme y hasta altere sus suposiciones.

3   Green, Joel, *Seized by Truth* (Nashville, TN: Abingdon Press, 2007).
4   Green, *Seized by Truth*, 79, (mi traducción).

Cómo usamos la Biblia para predicar

En esta segunda parte, cubriremos tres metodologías para realizar un estudio bíblico. La primera metodología es una ofrecida por Thomas G. Long, quien es un profesor y escritor popular en el área de Homilética. Dada la cantidad de material narrativo en la Biblia, la segunda metodología es un análisis narrativo. La tercera, una que se presta para varios géneros, es el Estudio Bíblico Inductivo.

Seleccionar el texto

El paso de seleccionar el texto no debe ser obviado. Hay varias formas de escoger el texto bíblico. Algunas denominaciones dependen del leccionario para limitar la cantidad de posibilidades. El leccionario típicamente incluye un par de lecturas del Antiguo Testamento, un Salmo, una lectura de uno de los evangelios, y un par de lecturas del Nuevo Testamento. Por lo general, los temas de las varias escrituras por domingo están conectados en alguna forma. Una ventaja de utilizar el leccionario es que minimiza la tendencia de seleccionar pasajes con los que estamos cómodos o de evitar pasajes que son más difíciles. También, como se mencionó arriba, limita la cantidad de posibilidades. Puede ser abrumante tener que escoger un texto ¡de toda la Biblia!

Algunos pastores hacen un recorrido por toda la Biblia. Si desea hacer esto, debe determinar de antemano cuánto tiempo se va a tomar para saber cómo mejor dividir los textos. Supongamos que el tiempo determinado es un año. Durante este tiempo habrán varios domingos en los que se suspenda el recorrido por toda la Biblia para enfocar el sermón en eventos especiales en el calendario de la iglesia, como por ejemplo: domingo de Resurrección, el Día de las Madres y de los Padres, y la Navidad. De los restantes 48 domingos, pudiera dividirlos en 28 para el Antiguo Testamento y 20 para el Nuevo. Los 28 domingos en el Antiguo Testamento pudieran dividirse de la siguiente manera: 6 en el Pentateuco; 6 en los Libros Históricos; 10 en los Profetas mayores y menores; y 2 en los Salmos y/o Proverbios. Esto es sólo un ejemplo. El punto es que el pastor o pastora debe determinar de antemano cómo va a dividir los textos para facilitar el proceso de escoger un texto cada domingo.

Pudiera ser también que el pastor o pastora haga una serie en la cual los sermones durante un tiempo determinado giren alrededor de un tema o un libro bíblico. Por ejemplo, la serie pudiera ser sobre la muerte y pasión de Jesús de acuerdo a los cuatro evangelios (cuatro domingos); pudiera ser una jornada por el libro de los Hechos; o varias predicaciones sobre el discipulado. Es importante que se determine de antemano la cantidad de domingos que la serie cubrirá, y cómo se dividirán los textos. Por ejemplo, una serie sobre el discipulado pudiera ser 8 domingos: uno dedicado a cada evangelio, incluyendo a Hechos con Lucas; 2 domingos en Pablo, un domingo en las cartas de Pedro y uno en la epístola de Santiago.

Las ventajas de una serie son varias. *Primero*, el pastor o pastora puede de antemano determinar los textos que serán utilizados. Muchas veces, todos los quehaceres pastorales opacan la preparación del sermón. Llega el viernes, y el pastor o pastora se siente presionado de escoger un texto para el sermón, y lo hace de forma ligera. Una serie minimiza la ansiedad relacionada con escoger un texto para el sermón semana tras semana. *Segundo*, el pastor o pastora puede abarcar un tema de una forma más profunda y detallada, demostrando a la congregación las diferencias entre los varios escritos. En el caso del discipulado, la congregación puede observar que Mateo y Pablo tienen diferentes perspectivas y expectativas del discípulo. Es importante que la congregación sea expuesta a la diversidad de la Biblia. *Tercero*, y el otro lado de la moneda, el pastor o pastora puede explicar las conexiones entre los libros de la Biblia. *Cuarto*, como los textos ya están escogidos, tanto el pastor o pastora como la congregación puede reflexionar y meditar sobre el texto antes de la predicación.

Una advertencia importante en cuanto a una serie es no alargar el tiempo determinado. Una serie no debe ser más de tres meses por dos razones. Primero, la congregación puede perder interés en el tema si se alarga mucho. Segundo, la tentación de repetirse es aún mayor.

Metodología de Thomas G. Long

Antes de presentar su método, Long explica que existe una diferencia entre el estudio de un texto con el propósito de escribir un comentario o un trabajo académico y el estudio para desarrollar un sermón. A fin de cuenta, el pastor o pastora tiene la congregación en mente en su preparación. "El propósito del predicador en su estudio del texto bíblico es escuchar en el texto una palabra para [la congregación] y quiénes son es este momento... Si hay familias en la congregación que están en crisis, si alguien que escuche el sermón esta desempleado, estas circunstancias traen un set de preguntas y preocupaciones nuevas al encuentro con las Escrituras."[5] En otras palabras, la congregación debe estar presente en la mente del pastor o pastora en su preparación. A continuación, su metodología.

1. Escoger el texto – Long añade a lo que aparece arriba que el/la predicador(a) debe asegurarse de los límites del tex-to. En algunas ocasiones, el leccionario divide el texto de tal forma que omite un versículo o más antes o después

---

5   Long, Thomas, *The Witness of Preaching* (Louisville, KY: Westminster Press, 1989), 60. (Mi traducción).

del texto. Es la responsabilidad del predicador(a) revisar el contexto literario (lo que precede y sigue al texto escogido) para asegurarse de los límites del texto. En otras ocasiones, el predicador(a) pudiera excluir de su pasaje una porción que parezca ser más complicada o controversial. Por ejemplo, en Apocalipsis 21:1-8, pudiera haber la tentación de concluir con el v. 7 y omitir el juicio del v. 8.

2. Familiarizarse con el texto – Esto conlleva sencillamente leer el texto varias veces, no con el propósito de descubrir algo escondido o de hacer análisis teológico, sino sencillamente leer el texto para entenderlo. Después de leer el texto varias veces, si hay algún término desconocido u oscuro, haga uso de un diccionario bíblico.

3. Luego de leer el texto varias veces, familiarícese con el contexto literario. Esto es, lo que le precede y lo que le sigue. En este paso puede consultar algún comentario o biblia de estudio para discernir qué lugar ocupa su texto dentro de la estructura de todo el libro. Esto puede informar cómo el texto escogido funciona dentro del propósito general del libro. Por ejemplo, el libro de Éxodo está dividido (de acuerdo a una Biblia de estudio en particular) en cuatro partes: Éxodo 1-12, Dios libera a su pueblo de forma milagrosa mediante su siervo, Moisés; Éxodo 13-18, la jornada en el desierto de Egipto al Monte Sinaí; Éxodo 19-24 – El pacto; Éxodo 25-40, el tabernáculo y sus muebles. Un sermón basado en Éxodo 19:1-8 debe considerar que el texto comienza la sección del pacto, y describe el llamado de Israel y su parte en el pacto.

4. Estudiando el texto – en este paso se lleva a cabo una exégesis profunda. Long sugiere comenzar este proceso haciendo preguntas del texto. Él nos advierte de dos peligros en este paso: no hacer preguntas honestas del texto o hacer preguntas cuyas respuestas ya conocemos; o resistir las respuestas que el texto ofrece. En gran parte, las preguntas que hagamos del texto vendrán de nuestra tradición teológica, nuestra experiencia, y la realidad de

la congregación. Regresando al texto de Éxodo 19:1-8, pudiéramos hacer las siguientes preguntas para empezar:

a. ¿Cuál es la importancia de los términos temporales ("tres meses," "el primer día")?

b. ¿Qué rol tiene el Monte de Sinaí en el libro? ¿en el Pentateuco? ¿en la historia de Israel?

c. ¿Cómo Moisés sabía que debía encontrarse con Dios en la montaña?

d. ¿Qué significado pudo tener el término "alas de águila"?

e. ¿Cómo se entendía un pacto en este tiempo?

f. ¿En qué forma sería Israel una "posesión especial"? ¿Qué significa esto para otras naciones? ¿Sigue siendo el pueblo de Dios (la Iglesia) "posesión especial" de Dios? ¿En qué sentido?

Estas preguntas sirven como ejemplo. A medida que leemos el texto, muchas de estas preguntas surgen naturalmente. Lo importante es prestar atención a estas preguntas, anotarlas, e investigar sus respuestas. Para comenzar, las respuestas deben surgir del texto en sí, incluyendo el contexto literario. Luego que haya hecho su propia investigación del texto puede acudir a comentarios. Long sugiere algunos pasos prácticos para facilitar el proceso de hacer preguntas:[6]

a. Escriba una paráfrasis del texto; esto es, el texto en sus propias palabras. Compare su versión con la versión Bíblica, observando qué puntos omitió o enfatizó.

b. Si el texto es una historia, colóquese en el lugar de cada uno de los protagonistas, y pregúntese cómo habrán experimentado la historia.

c. Observe los detalles que parezcan ser inusuales. Por ejemplo, en Éxodo 19:1-8, ¿por qué es importante saber cuándo ocurrió este evento en relación al éxodo?

---

6   Long, *Witness*, 68-70. Los ejemplos son de la autora.

d. Observe si hay algún conflicto en el texto. Pueden haber conflictos entre seres humanos o entre Dios y seres humanos. Por ejemplo, en Éxodo 32, podemos ver varios conflictos: entre Moisés y el pueblo, entre Dios y el pueblo, y Moisés y Aarón, y entre Dios y Moisés. Pudiéramos preguntar cuál es la raíz de cada uno de estos conflictos y cómo están conectados.

e. Busque conexiones entre el texto escogido y el material que le precede y le sigue. Pregúntese por qué el autor colocó el texto en este lugar. Por ejemplo, la historia de la mujer Samaritana en Juan 4 parece estar conectada con el encuentro entre Jesús y Nicodemo en Juan 3. Pregúntese cómo nos ayuda una historia a entender la otra.

f. Lea el texto mediante los lentes de personas diferentes a usted. Si usted es una mujer joven, soltera, profesional, imagínese como puede entender el texto una mujer mayor y casada, un joven, una persona deambulante, etc.

g. Imagínese que el texto se escribió en respuesta a una pregunta. Trate de borrar todo lo que asume del texto. Pensando solamente en las palabras del pasaje escogido, piense cuál pudiera ser esa pregunta (o preguntas). En el ejemplo de Éxodo 19:1-8, la pregunta pudiera ser: ¿Cuál fue el llamado de Israel al comienzo de su jornada?

Cada uno de estos puntos son sugerencias para estimular el proceso de cuestionar al texto bombardeándolo con preguntas. En cada pregunta, debe detenerse y escuchar la respuesta del texto. Este proceso es una conversación entre usted y el texto. Asegúrese de anotar todas las ideas que surjan del proceso. No toda idea será importante pero éste no es el momento de determinar cuál idea sirve y cuál no. Una forma de probar las ideas que surjan durante este proceso es revisar los comentarios.

Estudie los diferentes contextos – Primero, familiarícese con la información del libro incluida en la introducción del comentario. Esto incluye información acerca del contexto histórico, socio-político, cultural, y religioso, acerca del autor y de su audiencia. Segundo, conozca bien el contexto literario de su pasaje. Esto es, lo que le precede y le sigue, y el propósito y tema general del libro. Evalúe sus ideas a la luz de esta información. Por ejemplo, 1 Corintios 13, típicamente utilizado en servicios nupciales, en realidad no describe el amor entre esposa y esposo, sino el amor entre Cristianos. Cuando revisamos el contexto literario, vemos que este capítulo está entre dos capítulos que tratan los dones espirituales. En 1 Corintios 12:31b Pablo sugiere que hay un camino de mayor excelencia que cualquier don espiritual. El cap. 13 es este camino. Al comienzo del libro, leemos que Pablo escribe por causa de varios asuntos que estaban dividiendo la iglesia in Corinto. Entonces, tanto el contexto literario (lo que precede y le sigue) como el propósito del libro nos ayudan a entender que el amor descrito en el cap. 13 se trata de amor entre hermanas y hermanos.

Examine el texto desde una perspectiva teológica – Recuerde que la reflexión teológica tiene que ver con la relación de Dios con la humanidad. Esto es: qué dice el texto de quién es Dios, cuál es Su obra, quiénes somos nosotros, y qué espera Dios de los suyos. Por ejemplo, en 1 Corintios 13, podemos asumir que las cualidades del amor ahí descritas son parte del carácter de Dios. Dios nos ha dado el ejemplo mayor del amor paciente, benigno, desinteresado, etc. También, el texto habla claramente de lo que Dios espera de los suyos.

Usando el comentario – Luego de haber realizado su propia investigación, revise el comentario del texto escogido. Es importante mantener esta información en su debida perspectiva. Por un lado, ciertamente los comentarios son escritos por expertos en el libro en particular, personas que han estudiado y leído cantidades de escritos en relación al libro y todos sus contextos. Por otro lado, recuerde que toda interpretación está filtrada por los lentes del intérprete. El contexto personal del autor(a) del comentario–su trasfondo cultural, edad, sexo, educación, tradición teológica, para mencionar algunos– influye cómo él o ella interpreta el texto. Considere lo aprendido en el comentario dentro de su propia investigación del mismo. También es necesario conocer algo del autor(a) del comentario y de su tradición teológica. Esto nos puede ayudar a entender el porqué de su interpretación. Por ejemplo, un comentario de una tradición reformada va a interpretar Romanos 11 muy diferente a un comentario de tradición Wesleyana. Por último, un gran beneficio del uso de comentarios es el evitar la investigación aislada, especialmente si hace uso de dos o tres comentarios.

Escuche la voz del texto – Long describe el proceso de investigación como el proceso de conocer a otra persona. En cierta forma, el predicador(a) y el texto forjan una relación en la que el texto mismo expresa su mensaje mediante la investigación. Es la responsabilidad del predicador(a) percibir este mensaje mediante su investigación. Este mensaje puede cambiar dependiendo de las circunstancias y de la realidad de la congregación. El hecho que usted haya predicado de un texto anteriormente no significa que el mensaje va a ser el mismo. Este proceso de escuchar la voz del texto es algo intuitivo. La investigación en sí le ayudará a descubrir ciertas cosas en el texto que le hablarán a su corazón en formar particular. Preste atención. Ahí está su mensaje.

Acercamiento Narrativo

Esta metodología se enfoca en el texto como obra literaria, no como un reflejo de la cultura o situación de vida dentro de la cual nació. Mientras que el método histórico crítico busca reconstruir la situación original detrás del texto, la crítica narrativa busca descifrar el significado teológico e histórico. El método histórico crítico ve al texto como una ventana que nos permite aprender algo de otro tiempo y lugar. La crítica narrativa ve al texto como espejos mediante los cuales somos invitados a participar en la creación del significado. Para describir este proceso, utilizaremos Génesis 4:1-16 como ejemplo.

Método[7]

1.   Autor implícito – en realidad, cada lector se imagina al autor de acuerdo a lo que éste revela de sí mismo en el texto. El autor crea una persona a quien el lector descubre en el texto. No nos enfocamos en el autor, sino en su mensaje. Es en ese mensaje que descubrimos quién es el autor, no literalmente, sino el autor implícito y sus preocupaciones, sus valores, y su perspectiva teológica. Por ejemplo, algunos de los valores reflejados en Génesis 4 son la obediencia (y sus consecuencias); la familia y el cuidado de ésta; honrar a Dios; la misericordia de Dios. Estos datos van formando un perfil del autor implícito.

2.   Lector implícito – no la audiencia original sino el lector que el autor tiene en mente. Esta teoría está basada en la presuposición que todo libro tiene un grupo de lectores en mente. La audiencia original ya no existe ni está disponible para el lector actual, pero el texto nos da "pistas" de su lector implícito. Estas pistas vienen de patrones literarios que el lector actual reconoce. El efecto que el autor desea tener en los lectores se puede determinar por la empatía (identificación) con los personajes. Esta empatía puede ser realista (yo soy como ese personaje), o puede ser idealista (yo quisiera ser como ese personaje). Como ejemplo, el lector implícito de Génesis 4 es la persona que anhela honrar a Dios y darle lo mejor. Una gran parte de honrar a Dios es honrar a su prójimo.

7   Este método está basado en los pasos sugerido por Grant R. Osborne en *The Hermeneutical Spiral: A Comprehensive Introduction to Biblical Interpretation* (Downers Grove: IVP, 2006) 202-212. Los ejemplos son de la autora.

3. Orden de eventos – el orden en que una narrativa relata los eventos es importante porque el autor espera que el lector lea la historia en un orden, cosa de que cada evento nuevo debe ser visto a la luz de los eventos previos. Por ejemplo, el orden de eventos en Génesis 4 es el siguiente:

Introducción:

Nacimiento de Caín	Nacimiento de Abel
Profesión de Abel	Profesión de Caín
Ofrenda de Caín	Ofrenda de Abel
Dios recibe la ofrenda de Abel	Dios rechaza la ofrenda de Caín

1ra Conversación entre Dios y Caín

Dios advierte a Caín

Asesinato de Abel por Caín

2da Conversación entre Dios y Caín

Dios cuestiona	Caín contesta
Dios explica las consecuencias	Caín pide misericordia
Dios demuestra su misericordia	

Conclusión – Cómo Caín termina fuera del jardín del Edén.

Espacio dedicado a los eventos – la cantidad de espacio dedicado a un evento o la cantidad de referencias a un evento (como el éxodo). Por ejemplo, podemos observar en Génesis 4 el espacio dedicado a Abel vs. a Caín. El nacimiento de Caín es presentado como un regalo de Dios, un evento en el que Dios y los seres humanos colaboraron. Mientras que del nacimiento de Abel, no tenemos detalles. El lector debe preguntarse, en base a esto, quién es el protagonista de la historia y cuál es su propósito.

La trama – Esto se trata de la forma en que el autor ha entrelazado los eventos, discursos, diálogos, narraciones, resúmenes, etc., para crear un mundo en el cual el lector entra. Para determinar la trama, el intérprete debe buscar cuáles son los temas que se desarrollan en la narrativa; cuáles son los personajes de la historia y cómo se relacionan estos; cómo se relacionan personajes principales con personajes menores; cuáles son las conexiones entre escenas/eventos. Debemos recordar que el autor ha sido intencional en la forma que ha tejido la narrativa. Su intención no es simplemente contar una historia, sino relatar una verdad. Entender la trama nos ayuda a entender el mensaje del autor. Por ejemplo, Génesis 4:1-16 está compuesto de narración y diálogo. Sólo Dios y Caín toman parte activa en los diálogos.

Personajes – la forma en la cual un personaje es presentado ayuda al intérprete a descubrir cuáles son las expectativas del autor. Los personajes pueden ser presentados de forma unilateral (como los Fariseos en los evangelios que son predecibles) o de forma más compleja (como muchos de los personajes del AT: Abraham, Moisés, David, y Elías, o como los discípulos en los evangelios). Es importante también prestar atención a los diálogos entre los personajes, ya que el diálogo nos revela el mensaje del autor. También debemos prestar atención no solo en lo que nos revela la narrativa de los diversos personajes, sino también cómo lo revela (método de presentarlo en la narrativa), ya sea mediante el narrador, el personaje mismo (hijo pródigo y la mujer del flujo ambos dicen para sí mismos), u otro personaje.

Discursos y narración – Cómo mezcla el autor los discursos y la narración:

    a.   Historia de acción – como la mayoría de los milagros

    b.   Trasfondo – detalles acerca del lugar, personas, o situación antes de la historia ("el hombre tuvo relaciones con su esposa")

c. Diálogo – A veces no hay ninguna historia, sólo el diálogo, como en Juan 3; a veces la historia se da por medio del diálogo, como en Mateo 4:1-11. En Génesis 4, vemos una combinación de diálogo y narración.

d. Monólogo – el discurso de una persona es substancialmente más largo que ninguno otro y por tanto domina la historia (Job; Sermón del Monte)

Punto de Vista – esto es la perspectiva desde la cual se cuenta la historia. El punto de vista nos ayuda a determinar el enfoque de la historia, el punto que su autor desea comunicar. El autor utiliza el desarrollo de la trama, el diálogo, el clímax, y comentarios editoriales para comunicar el punto de vista. Pueden haber hasta cinco áreas en las que el punto de vista se manifiesta:

a. Psicológica: el narrador nos da información "secreta" como los pensamientos y sentimientos de los personajes (por ejemplo, Génesis 3:6 y 18:12, Éxodo 3:3) En Génesis 4, el narrador presenta los datos como hechos, pero en ningún momento ofrece alguna observación del pensamiento o motivo de ninguno de los personajes.

b. Ideológico o evaluativo: conceptos de lo que está bien y mal (Génesis 20:2-7). Es interesante que en Génesis 4, el narrador no presenta una evaluación directa de las ofrendas. Más bien, podemos entender que una era buena y la otra no por la manera en que Dios las recibe.

c. Espacial: el movimiento de lugar a lugar. El narrador en cierta forma es omnipresente y se puede mover por los diferentes lugares (durante la tormenta en la barca, vemos a los discípulos a la vez que vemos a Jesús en el monte orando).

d. Temporal: el narrador lleva al lector del presente al pasado o al futuro.

e. Diálogos o discursos: es importante observar cómo el narrador presenta a los personajes por medio del diálogo – cuál es el tono que usan los personajes, cómo se presentan a sí mismos, cómo se relacionan con otras personas o con Dios, etc. Observa también qué elementos son narrados y que otros forman parte del diálogo.

El escenario – esto es el lugar en el cual se desarrolla la narrativa. Éste puede ser geográfico (Juan 4, el pozo de Jacob), temporal (momento o tiempo en que se desarrolla la narrativa), social (por ejemplo, una cena, como en Lucas 7) o histórico. El único lugar mencionado en Génesis 4 es el campo en el que ocurre el asesinato.

Técnicas literarias – ya sea ironía (Gamaliel), repetición (Abraham e Isaac ambos mienten; también puede ser repetición de una frase o palabra, o tema), comedia (Juan y Pedro en camino a la tumba [Juan 20] ; Pablo y Eútico [Hechos 20:7-12]), simbolismo, etc.

Cada uno de estos pasos nos ayuda a detenernos en la historia y considerar porqué el autor desarrolla la historia en la forma que lo hace. Mediante el análisis narrativo podemos observar detalles que de otra forma estarían perdidos. Mantenga una lista de sus observaciones. Ésta servirá para el desarrollo del sermón.

Una razón por la que la narrativa es tan efectiva es porque todos nos podemos conectar con una historia. En el desarrollo de su sermón, busque conectar la historia bíblica con historias de la actualidad, de tal forma que su congregación pueda verse reflejada en el texto bíblico. Estos diversos elementos del análisis narrativo puede ayudarle a descubrir estas conexiones.

Recuerde que, como lo indica su nombre, este tipo de análisis se presta para la narrativa. Algunos otros géneros, como la poesía y la literatura profética, pudieran beneficiarse de este tipo de análisis. Esto es debido a que la narrativa puede ser parte de varios géneros. Sin embargo, habrán algunos géneros, como las epístolas, para los cuales otro tipo de análisis será necesario. Un posible acercamiento a las epístolas es el Estudio Bíblico Inductivo, la tercera metodología aquí presentada.

Estudio Bíblico Inductivo

Esta metodología de estudio bíblico tiene la ventaja de ser muy versátil. Esto es, puede ser utilizada con todo tipo de literatura. La metodología está dividida en tres pasos básicos: observación, interpretación, aplicación.

El primer paso, la *observación*, es un paso lento; requiere que se detenga en el camino con el texto y sencillamente observe. La tentación mayor en este paso es brincar a la interpretación e imponerle significado al texto en base a los prejuicios de uno. Es importante no aligerar este paso.

Imagínese que usted es un detective y está buscando pistas en el texto para descubrir su misterio. Una forma efectiva de llevar a cabo esta investigación es hacer preguntas del texto. Haga preguntas básicas como qué, cuándo, cómo, dónde, porqué, quién y a quién. Observe las relaciones entre conceptos como contraste o comparación. En el caso de Génesis 4:1-16 hay un contraste claro entre las ofrendas de Abel y Caín. Para esto, preste atención a las conjunciones (y, pero, o). Por ejemplo, la conjunción "pero" puede alertar al lector a algún contraste. Preste atención a la frase "por tanto." Ésta indica una relación de causa y efecto (Romanos 12:1). Observe las palabras claves o las repeticiones de palabras o frases (2 Juan 1-4, la palabra *verdad*). Observe si hay alguna figura retórica. Observe las emociones del autor en el texto, si es un texto emotivo (Lucas 13:34), con coraje (Gálatas 3:1), de ánimo

(1 John 2:27), etc. Observe cómo el texto progresa; esto es, si el autor se mueve de pregunta a respuesta, de general a específico, de enseñanza a aplicación, de declaración a ilustración, o de problema a solución. Anote cada una de sus observaciones, no importando cuán insignificante aparente ser.

En la *interpretación* la tarea de observar continúa, pero su enfoque cambia. El propósito de este paso es descubrir cómo el texto se pudo haber entendido en su contexto original. Para esto, debe de investigar los diversos contextos: histórico, socio-político, cultural, y religioso. Consulte un comentario para aprender del propósito del libro, y de la posible situación detrás del mismo. Tenga presente que esto es mucho más factible en el Nuevo Testamento, en especial con las cartas. En el caso del Antiguo Testamento será importante entender cómo cuadra la historia del texto escogido dentro de la historia de Israel (o sea, si es parte de la historia de los patriarcas, del éxodo, de la conquista, del período de la monarquía, del exilio o después del exilio). Es importante preguntar cuáles son las preocupaciones del autor, y qué mandatos y enseñanzas incluye. Esto le puede dar pistas de la situación detrás del libro. Una enseñanza clara de Génesis 4 es que Dios valora la vida del ser humano.

El último paso, la *aplicación*, es el puente entre entonces y ahora. Antes de entrar en la aplicación es importante tener presente errores comunes en este paso. Existen dos tipos de errores en la aplicación: errores con la evidencia y errores de inferencia. Se comete un error con la evidencia cuando las observaciones que conducen a la interpretación no están correctas. Por ejemplo, la interpretación no consideró datos del contexto histórico, socio-político, cultural, o religioso; no tomó en cuenta el contexto literario y se está basando en un texto limitado.

Como resultado, el intérprete puede llegar a un error de aplicación. Error de inferencia es cuando la evidencia esta correcta pero se infiere conclusiones incorrectas basadas en presuposiciones erróneas. Un ejemplo común es cuando el lector(a) asume que un principio en el texto es la regla para todo Cristiano en todo tiempo. Muchas interpretaciones que le impiden a la mujer participación en el ministerio son el resultado de este tipo de error.

Al ver su lista de ideas, resultado de los dos pasos anteriores, pregúntese si la situación detrás del texto es una comparable a la actualidad o es una situación limitada al contexto en el que se encuentra. Si es una situación universal, los conceptos pueden ser aplicados a la actualidad. Si es una situación limitada por su contexto original, busque qué sería una situación comparable. En este paso, pregúntese: ¿qué cosas demanda el texto? ¿qué cambios? ¿qué acciones requiere? ¿qué promesas hay y cuales son las condiciones? ¿cómo actúa Dios? Es importante que los que escuchan su mensaje tengan un sentido de lo que el texto demanda u ofrece. Dios busca transformarnos mediante su palabra. El sermón es un instrumento de transformación.

Estas tres metodologías tienen algo en común: requieren que uno se detenga en el camino, se siente con el texto, y escuche su voz. Esto nos indica que el proceso de estudiar el texto con el fin de preparar un sermón requiere tiempo, paciencia, disciplina, y dedicación. Tómese el tiempo debido para estudiar el texto bíblico. Usted y su congregación se lo merecen.

Capítulo 3

¿CÓMO ME MUEVO DEL TEXTO AL SERMÓN?

Danny Román-Gloró

El desarrollo del sermón tiene varios pasos. Aunque muchas personas comienzan seleccionando un tema, la realidad es que el sermón bíblico es aquel que está basado en un texto bíblico y que cuyo tema nace de un estudio exhaustivo de ese texto.[1] La unción del predicador(a) está basada en el texto y no en él o ella mismo. Por lo tanto, el primer paso es el estudio de la Biblia. Es importante notar que no debemos estudiar la Biblia para encontrar un sermón, sino que en el proceso de estudiar la Biblia el Espíritu Santo cultiva un sermón en nosotros.[2]

Como predicadores debemos estudiar la Biblia como una disciplina espiritual para nuestro desarrollo como discípulos de Jesús y de nuestro estudio de la Biblia nacen sermones.[3] En ocasiones, el Espíritu Santo nos inspira con la predicación de un tema en particular y necesitamos usar varios textos de la Biblia. Esto implica que necesitamos estudiar esos textos apropiadamente para que los usemos correctamente en nuestro sermón, y sobre todo no los saquemos de su contexto para usarlos como un pretexto para promover nuestras propias ideas.[4]

Luego de estudiar la Biblia, lo cual implica que hemos seleccionado un texto del cual vamos a predicar, el segundo paso en la preparación del sermón es determinar cuál es el tema del sermón.

---

1   Por "un texto bíblico" me refiero a una porción de la Biblia. Puede ser un versículo, varios versículos de un capítulo, o un capítulo entero.

2   Esto no implica que un(a) predicador(a) no predique de un tema relevante a una comunidad local. Lo que implica es que el tema necesita emanar del texto y que no debemos seleccionar un tema y luego buscar un texto que se acomode a lo que queremos decir. Lo que predicamos nace del texto y no de nuestra imaginación.

3   De la misma manera debemos cultivar nuestro intelecto como una disciplina espiritual a través de la lectura de libros, no solo de teología y de referencia bíblica, sino también libros de filosofía, literatura, poesía, historia, y temas similares.

4   Como ejemplo de esta práctica tenemos Efesios 5:22 "Esposas, sométanse a sus propios esposos como al Señor." El cual se usa para forzar a las esposas a hacer lo que el esposo quiera. Sin embargo, en su contexto este texto no es una licencia para justificar cualquier acto que el esposo quiera cometer con o hacia su esposa. De lo contrario, en su contexto, este texto refleja una teología de rendirse mutuamente el uno al otro entre los esposos y las esposas.

O, ¿Cómo me muevo del texto al sermón? Si usamos la analogía de la preparación del sermón como la construcción de una casa, éste paso representa la delineación y preparación de los cimientos en los cuales vamos a construir el armazón de la casa. Esto incluye el determinar la dimensión de la casa y la construcción de una base que soporte el peso del armazón de la vivienda en donde construiremos paredes, puertas, ventanas, etc. Por lo tanto, este paso debe tomarse con mucha seriedad y premeditación para que sea una base que sostenga el resto de la construcción. Esto no implica que los otros pasos no sean de importancia, ciertamente yo no quisiera vivir en una casa en la cual las ventanas no funcionan o que el techo no me protege del medio ambiente. Pero la importancia de los cimientos para que la casa este bien edificada y funcione correctamente no se puede tomar con ligereza. De la misma manera, el movernos del texto al sermón en la preparación del sermón crea los cimientos en los cuales podemos construir un sermón de eficacia que ayude a los oyentes a crecer en su discipulado y a la congregación a desarrollar una identidad como el cuerpo de Cristo.

Dos Puntos de Referencia

Para establecer una buena base para el sermón, después de haber estudiado el texto bíblico, necesitamos desarrollar dos declaraciones: La Declaración de Enfoque y la Declaración de Propósito. Cada una de estas declaraciones funge una función específica en el desarrollo del sermón y aunque son independientes la una de la otra, trabajan de manera interdependiente en el desarrollo del sermón. El predicador eficaz va a dedicar tiempo necesario (dentro del tiempo dedicado a la preparación del sermón) para desarrollar dos declaraciones que verdaderamente reflejen la ideas (basadas en el texto bíblica) que el/la predicador desea compartir con la audiencia. Esta inversión de tiempo en el desarrollo de estas declaraciones tendrá gran recompensa en la efectividad del sermón como herramienta del discipulado. Además, estas declaraciones nos ayudan a formar el sermón y sirven como guía del material, que hemos desarrollado a través del estudio bíblico, que vamos a utilizar en el sermón y del cual vamos a utilizar en sermones subsiguientes.

La Declaración de Enfoque

La Declaración de Enfoque se conoce por varios términos. "Declaración de Enfoque" es usado por Thomas Long[5], mientras que Haddon Robinson usa "La Gran Idea" (The Big Idea)[6], y Calvin Miller utiliza "el tema central" (the Motif)[7], mientras que otros expertos usan otros términos similares. Lo que todas estas definiciones tienen en común es que: 1) el sermón necesita ser construido como una extensión o desarrollo de una sola idea; 2) y que esta idea se expresa como un pensamiento completo. En otras palabras, el sermón bíblico y eficaz está basado en una sola idea que se deriva de la porción de la Biblia que se ha estudiado y que se va a predicar, y esa sola idea, que nace del estudio de un texto bíblico, se debe expresar de una manera concreta y coherente.

¿Cómo desarrollo una declaración de enfoque?

El propósito de estudiar un texto bíblico es entender lo que Espíritu Santo está tratando[8] de comunicar a través del escritor del texto.

5   Long, Thomas G. *The Witness of Preaching*, 3rd Ed. Westminster/John Knox Press, Louisville, KY. 2016.
6   Robinson, Haddon W. *Biblical Preaching: The Development and Delivery of Expository Messages* 3rd Ed. Baker Academic, Grand Rapids, MI. 2014
7   Miller, Calvin. *Preaching: The Art of Narrative Exposition*. Baker Books, Grand Rapids, MI. 2010.
8   Uso la palabra "tratando" no porque el Espirtu Santo tenga problemas de comunicación, sino porque nosotros los seres humanos tenemos problemas de comprensión.

En ese proceso de estudio y de compresión surgen ideas que podemos desarrollar en una declaración de enfoque. Sin embargo, la declaración de enfoque no puede ser una idea genérica, sino que debe ser una idea completa, concreta y coherente. Por lo tanto, no podemos decir que la declaración de enfoque de un sermón es "Salvación" o "Mayordomía" o "El Perdón". Ninguno de estas palabras o frases, desde una perspectiva de comunicación, representa una idea completa, concreta, y coherente. Tal vez usted como predicador tenga una idea de lo que quiere decir, o de las implicaciones que tiene el uso de esa palabra o frase, pero el uso de una sola palabra o frase no representa una idea que se puede comunicar con claridad y certeza. Por esta razón, muchos sermones divagan de idea en idea o duran más de una hora.[9] Sin embargo, el sermón que cuenta como base una declaración de enfoque que sea una idea completa, concreta, y coherente es más fácil de desarrollar y comunicar, a la vez que permite a los oyentes a "digerir" la enseñanza bíblica y aplicarla a sus vidas.

Una declaración de enfoque bien delineada es el producto de la respuesta a dos preguntas: ¿De qué estoy hablando? y ¿Qué específicamente estoy diciendo de lo que estoy hablando? Sin embargo, una declaración de enfoque no es el resultado de una simple respuesta a estas preguntas. Nuestro objetivo es utilizar estas preguntas como guías en el desarrollo de una aseveración que va a guiar la construcción del sermón y a mantenernos enfocados. En este proceso podemos contestar las preguntas con otras preguntas o una combinación preguntas y respuestas. Por ejemplo: "¿De qué estoy hablando?" Estoy hablando de ¿Por qué el sacrificio de Cristo es importante? y ¿Qué específicamente

9   Estudios sobre la duración de un sermón han determinado que un sermón eficaz debe durar entre 20 y 30 minutos. El ser humano en nuestra sociedad moderna no puede sostener el nivel de atención necesario para escuchar un sermón que dure más de 30 minutos. La duración de un sermón no refleja la unción del predicador o la profundidad teológica del sermón.

estoy diciendo de lo que estoy hablando? "El sacrificio de Cristo es el acto por el cual Dios ha redimido a la humanidad." Luego de esta etapa, utilizo esta combinación de preguntas y respuestas para desarrollar una declaración de enfoque: "El sacrificio de Cristo es importante porque Dios lo uso para redimir a la humanidad." o "El sacrificio de Cristo es el vehículo por el cual Dios redimió a la humanidad." o "Dios nos redimió a través del sacrificio de Cristo." El producto final de este proceso va a ser único al predicador(a). La experiencia, creatividad y astucia de cada individuo producirá un resultado diferente. La selección de palabras, la construcción gramatical, el énfasis teológico podrán ser diferentes, pero el proceso debe ser el mismo.

Para ilustrar este proceso usemos el caso de 2 Corintios 9:6-8:

Recuerden esto: El que siembra escasamente, escasamente cosechará, y el que siembra en abundancia, en abundancia cosechará. Cada uno debe dar según lo que haya decidido en su corazón, no de mala gana ni por obligación, porque Dios ama al que da con alegría. Y Dios puede hacer que toda gracia abunde para ustedes, de manera que siempre, en toda circunstancia, tengan todo lo necesario, y toda buena obra abunde en ustedes.

No podemos leer estos versos y simplemente decir que la idea central es "la mayordomía" o aún "la mayordomía económica", o "el deber del creyente es ofrendar". Es necesario profundizar a través del estudio del texto. En este caso, Pablo está recolectando una ofrenda que puede llevar a Jerusalén para ayudar a la Iglesia en esa área. El texto comienza con una analogía entre el dar(ofrendar) y la agricultura. El usa esa analogía para motivar a los Corintios a dar más. Luego, aunque ya ha dicho que dar más es mejor, explica que la cantidad de dinero que se da en una ofrenda no importa. De acuerdo con Pablo, lo que es importante es la motivación de la persona al dar. El pasaje termina con una exhortación a confiar en Dios al dar, porque Dios nos provee lo suficiente para nuestra subsistencia y para que podamos dar a los demás. A través de estos versículos, Pablo usa a Dios y su comportamiento como ejemplo de un dador generoso. Primeramente, para determinar el punto principal que Pablo está tratando de hacer, necesitamos separar la analogía del resto del pasaje. La analogía no es el punto de Pablo, sino una frase de motivación. Luego vemos que Pablo está usando la generosidad de Dios como ejemplo y como recordatorio de que Dios provee a nuestras necesidades. Cuando añadimos estas ideas con el resto del pasaje nos damos cuenta de que el argumento de Pablo es este: 1) Ofrenda lo más que puedas; 2) Puedes ofrendar con la confianza de que Dios te va a proveer de lo necesario para que puedas ofrendar y tengas suficiente para tus necesidades; 3) Sin embargo, no importa la cantidad de dinero que des, lo importante en el proceso de ofrendar es nuestra motivación en ofrendar.

Con esta información y con el propósito de crear un sermón bíblico (basado en el texto) procedo a hacerme la pregunta: "¿De qué estoy hablando?" Respuesta: "¿Cuál es la motivación del cristiano al ofrendar?" y "¿Qué específicamente estoy diciendo de lo que estoy hablando?" Respuesta: "La Generosa provisión de Dios me motiva a dar con generosidad". De estas preguntas y respuestas puedo desarrollar la siguiente declaración de enfoque: "Podemos dar con generosidad y gozo porque estamos seguros de la provisión de Dios." Como aseveramos anteriormente, cada predicador construirá su propia declaración usando su vocabulario y estilo, pero el uso de este proceso ayuda al predicador(a) a desarrollar un enfoque más específico en el sermón. Este proceso para desarrollar una declaración de enfoque al principio es incómodo y tal vez parezca inútil. Sin embargo, una vez que comienza a usarlo y lo convierta en un hábito con el tiempo se convertirá en un proceso natural.

La Escalera de la Abstracción

A veces los ejemplos o el contexto de un texto reflejan conceptos arcaicos en relación con nuestra época contemporánea (por ejemplo, el sacrificio de animales, o el lavado de pies, o las leyes de la purificación del libro de Levítico). En situaciones como esas el movernos del texto al sermón requiere del uso de la Escalera de la Abstracción para poder determinar la respuesta a las preguntas de que nos ayudan a determinar ¿De qué estoy hablando? y ¿Qué específicamente estoy diciendo de lo que estoy hablando? El concepto de la Escalera de la Abstracción es el desarrollo de nuestra capacidad como seres humanos para describir una cosa, persona, o idea de varias maneras. Esta variedad de descripciones se puede definir en una escala que varía desde concretas hasta esotéricas o abstractas. Por ejemplo, yo puedo describir a mi perro de una manera bien concreta: "en mi hogar yo tengo un perro que pesa 45 libras, con el pelo negro, largo, los ojos azules, el hocico color marrón, y su nombre es "Bear". Esa descripción es sumamente concreta y puede ayudar a la persona a desarrollar una imagen bastantemente clara de mi perro. Sin embargo, también lo puedo describir de maneras más abstractas. Por ejemplo, mi perro es una mezcla de Siberian Husky y Cocker Spaniel. O podría decir, "en mi hogar tengo un animal canino," o "en mi hogar tengo un animal mamífero," o en mi hogar tengo "un ser viviente." Todas estas descripciones de mi perro son válidas y podrían ayudar al oyente a desarrollar una imagen de mi perro, aunque no todas sean lo suficientemente concretas para ayudarlo a desarrollar una imagen de mi perro.

Figure 1: La Escalera de la Abstracción

Este concepto se lo podemos aplicar a la preparación del sermón cuando encontramos ideas tan concretas en el texto bíblico que se hacen difíciles de explicar en nuestro mundo contemporáneo o ayudar a los oyentes a aplicárselo a sus vidas. En esos casos usamos la escalera de la abstracción para ayudarnos a entender el concepto bíblico de una manera más abstracta y poder discernir un concepto espiritual que esta enseñado en el texto bíblico para entonces poderlo explicar a nuestros oyentes de una manera que refleje nuestro mundo actual. El uso de la escalera de la abstracción nos permite encontrar un equivalente concreto entre el siglo 1ero y el siglo 21. Para ver este principio en práctica tomemos el ejemplo de 1 Corintios 8.

En cuanto a lo sacrificado a los ídolos, es cierto que todos tenemos conocimiento. El conocimiento envanece, mientras que el amor edifica. El que cree que sabe algo, todavía no sabe cómo debiera saber. Pero el que ama a Dios es conocido por él. De modo que, en cuanto a comer lo sacrificado a los ídolos, sabemos que un ídolo no es absolutamente nada, y que hay un solo Dios. Pues, aunque haya los así llamados dioses, ya sea en el cielo o en la tierra (y por cierto que hay muchos «dioses» y muchos «señores»), para nosotros no hay más que un solo Dios, el Padre, de quien todo procede y para el cual vivimos; y no hay más que un solo Señor, es decir, Jesucristo, por quien todo existe y por medio del cual vivimos. Pero no todos tienen conocimiento de esto. Algunos siguen tan acostumbrados a los ídolos que, cuando comen carne a sabiendas de que ha sido sacrificada a un ídolo, su conciencia se contamina por ser débil. Pero lo que comemos no nos acerca a Dios; no somos mejores por comer ni peores por no comer. Sin embargo, tengan cuidado de que su libertad no se convierta en motivo de tropiezo para los débiles. Porque, si alguien de conciencia débil te ve a ti, que tienes este conocimiento, comer en el templo de un ídolo, ¿no se sentirá animado a comer lo que ha sido sacrificado a los ídolos? Entonces ese hermano débil, por quien Cristo murió, se perderá a causa de tu conocimiento. Al pecar así contra los hermanos, hiriendo su débil conciencia, pecan ustedes contra Cristo. Por lo tanto, si mi comida ocasiona la caída de mi hermano, no comeré carne jamás, para no hacerlo caer en pecado.

A primera instancia este texto no tiene mucho que decir a nuestra audiencia contemporánea. Nosotros no tenemos la problemática de que comida sacrificada a los ídolos esté disponible en nuestros mercados o cuando nos invitan a comer en la casa de algún vecino. Aun cuando podamos tener un vecino o conocido que practique la Santería u otra religión similar, la posibilidad de que nos inviten a comer comida sacrificada a los ídolos es extremadamente mínima. Esta realidad cotidiana puede llevarnos a ignorar este texto por que las ideas que presenta no son relevantes a nuestro diario vivir. Sin embargo, cuando usamos la escalera de la abstracción como parte de nuestro análisis descubrimos que este texto contiene una profunda enseñanza espiritual.

En este texto, Pablo es claro en decir que verdaderamente no importa si comemos carne "sacrificada a los ídolos" porque, no ¡hay ídolos! Si no hay ídolos o dioses, no importa que la comida haya sido "sacrificada a los ídolos," y la podemos comer porque es irrelevante que haya sido "sacrificada" porque los ídolos o dioses no son reales. Pero como hay hermanos en Cristo que son supersticiosos y tienen temor de los ídolos (todos conocemos hermanos que le temen al vecino santero y no quieren ni pasar por el frente de su casa), Pablo nos exhorta a que no comamos comida "sacrificada a los ídolos" para que no ofendamos al hermano débil que si le tiene temor a ídolos o dioses. Pablo nos exhorta a que por amor a nuestro hermano nos sacrifiquemos por él y no comamos esa comida.

Sin la existencia de la escalera de la abstracción nuestro análisis terminaría con esa conclusión y no podríamos aplicar las enseñanzas de este texto en nuestras congregaciones ubicadas en el siglo 21. Pero cuando usamos la escalera de la abstracción y nos movemos de algo bien concreto como comer comida "sacrificada a los ídolos," a la idea abstracta que Pablo aplica a esta situación especifica, vemos un principio bíblico que sí podemos aplicar a nuestras vidas en el siglo 21. Pablo es claro en ese principio: si mis acciones pueden ofender a un hermano en Cristo, aunque esas acciones sean permisibles, por amor a mi hermano me sacrifico y no tomo esa acción. Esta idea se puede tomar al próximo nivel abstracto y entender que Pablo, en este texto, está aplicando el mandamiento que nos hizo Cristo: "Ama a tu próximo como a ti mismo".[10] Por lo tanto, este texto enseña a sacrificarnos por amor a nuestros hermanos(as). Por ejemplo: si yo como pastor tengo la capacidad financiera de comprar un automóvil de lujo (un Lexus, o Mercedes Benz, u otro similar), pero el comprar ese automóvil va a ofender las sensibilidades o crear una crisis de fe o moral en mi hermano(a), entonces no compro ese automóvil para salvaguardar la conciencia de mi hermano(a) en Cristo. Hay ciertos sectores de la Iglesia en que se prohíbe ir al cine. Yo personalmente no considero ir al cine como pecado,[11] sin embargo si el yo ir al cine le va a hacer ocasión de pecar a mi hermano(a) me abstengo de ir al cine. Y como éstos ejemplos de cómo aplicar este principio bíblico en nuestras vidas en el siglo 21 podemos encontrar muchos otros.

La escalera de la abstracción es una herramienta que nos ayuda con un texto que aparenta no tener aplicación a nuestra vida cotidiana en el siglo 21, podemos describir cual es el principio bíblico en ese texto y ayudar a nuestros oyentes a, no sólo entender la Biblia, sino a apropiarnos de las enseñanzas bíblicas para nuestro diario vivir.

La Declaración de Propósito

El segundo punto de referencia cuando estamos moviéndonos del texto al sermón es la Declaración de Propósito. Esta declaración es crucial porque provee dirección al sermón y a su movimiento retórico. Como dice el dicho: "si no sabes para dónde vas, cualquier camino te lleva a tu destino." De la misma manera, cuando preparamos un sermón necesitamos estar conscientes de lo que queremos que el sermón logre en la vida de los oyentes. El sermón es el instrumento que Dios usa para transformar la vida de los creyentes. Para lograr ese propósito el

10   Mateo 22:39, Marcos 12:31, etc.
11   Hay ciertas películas que por su nivel del violencia o sexualidad yo escojo no ver, pero en términos generales no considero que ir a ver una película es pecado.

predicador necesita estar consciente si el propósito del sermón es ayudar a los oyentes a cambiar una actitud, aprender o clarificar una doctrina, fortalecer la fe, inspirar a tomar una acción específica, u otra acción que sea necesaria o deseable para el desarrollo espiritual o teológico de la congregación. Aunque "Dios es quien produce… tanto el querer como el hacer para que se cumpla su buena voluntad," (Filipenses 2:13). Dios también ha designado el trabajo del pastor(a) y/o predicador(a) para ayudar a los creyentes a madurar espiritualmente. Por lo tanto, Dios usa el sermón desarrollado por el predicador como instrumento en este proceso de crecimiento espiritual.

Como la Declaración de Enfoque, la Declaración de Propósito también necesita ser una oración completa y debe ser escrita como un objetivo. En otras palabras, la Declaración de Propósito no puede ser una frase o una idea muy esotérica. La Declaración de Propósito necesita específicamente describir el propósito del sermón o los actos o pasos que los oyentes deben seguir como consecuencia de haber escuchado el sermón. Por ejemplo, la Declaración de Propósito no puede ser "los oyentes van a ser más fieles a Dios." Esa frase es muy ambigua para que le ayude a delinear y preparar el sermón. ¿Qué significa "más fieles"? Sin embargo, "Al finalizar el sermón los oyentes van a abstenerse de tener relaciones sexuales fuera de la relación matrimonial," es una buena Declaración de Propósito porque es específica y concreta. Su especificidad y concreticidad permite que el predicador pueda desarrollar un sermón que los oyentes puedan entender y aplicar a sus vidas. Mientras más concreto y específico sea la Declaración de Propósito más fácil es para el predicador desarrollar un sermón que ayude a los oyentes a aplicar las ideas comunicadas en el sermón a su vida diaria. Como aseveramos en relación a la Declaración de Enfoque, cada predicador(a) construirá su propia declaración de propósito usando su vocabulario y estilo, pero el uso de este proceso ayuda al predicador(a) a desarrollar un propósito específico para el sermón (lo que la audiencia va hacer después de escuchar el sermón).

Es más fácil construir la Declaración de Propósito si el predicador conoce a los oyentes a los que le va a predicar, y entiende sus necesidades espirituales. Cuando hablo de que el predicador(a) conoce a los oyentes no me refiero a que el predicador necesita ser un(a) amigo(a) íntimo del oyente, pero si me refiero a que el predicador necesita conocer la vida cotidiana, la vida espiritual, los rasgos sociopolíticos, la vida económica, los retos personales y comunitarios y otros detalles que definen la experiencia existencial de los oyentes. A la misma vez es importante entender el contexto social, económico y político de la ciudad o región en que residen los oyentes. Los factores (personales y sociales) crean el contexto en el que los oyentes ejercen su fe en Dios y practican las enseñanzas de Jesús. Por ejemplo, si estoy predicando de amar al prójimo, hoy como en la antigüedad la pregunta de un sermón de este tema es: ¿Quién es mi prójimo? La respuesta, aunque similar, en cada contexto va a ser determinada por ese contexto. Si estoy predicando en una comunidad de campesinos, el prójimo es no sólo mi vecino, sino también el capataz y/o el dueño de la finca. Si estoy predicando en una zona urbana, no es sólo el supervisor en el trabajo, sino el vecino de otra raza o grupo étnico. Si el predicador(a) no conoce con intimidad a la comunidad de oyentes y el contexto en el que viven no podrá proveerle

el tipo de liderazgo espiritual que puede "…capacitar al pueblo de Dios para la obra de servicio, para edificar el cuerpo de Cristo. De este modo, todos llegaremos a la unidad de la fe y del conocimiento del Hijo de Dios, a una humanidad perfecta que se conforme a la plena estatura de Cristo." (Efesios 4:12-13). Si el pastor no conoce sus ovejas, ¿Cómo puede cuidar de ellas?

La inversión de tiempo que un pastor(a)/predicador(a) tome para crear un perfil de sus oyentes será de mucha ayuda para el desarrollo de sermones efectivos que ayuden a esa comunidad de oyentes a crecer espiritualmente. Aún cuando el predicador sea invitado a una iglesia o evento, él o ella debe tomar tiempo para entender a los oyentes a los que les va a predicar. Aunque un visitante no pueda o tenga la capacidad para profundizar, el/la predicador(a) invitado puede crear un perfil básico de los oyentes a los que le va a predicar.

Conclusión

Comenzamos el capítulo con una analogía que compara el preparar un sermón con la construcción de una casa. En esta analogía, la Declaración de Enfoque y la Declaración de Propósito sirven la función de la fundación y el esqueleto de la casa. Como tales estas dos ideas cuando se desarrollan de una manera concreta y específica facilitaran el trabajo del predicador en el desarrollo del sermón. A la misma vez el sermón que es desarrollado usando estas dos ideas facilitará el proceso de absorber y asimilar el contenido del sermón para los oyentes, lo cual crea la oportunidad para que el Espíritu Santo genere crecimiento espiritual en esos oyentes.

Para que la Declaración de Enfoque y la Declaración de Propósito sean efectivas, ambas necesitan ser ideas completas (expresadas en oraciones completas) y ser concretas y específicas en relación con la realidad existencial de los oyentes y el texto bíblico.

Bibliografía

Hayakawa, S. I.

1941. *Language in Thought and Action* Hardcover. Harcourt, Brace & Co, New York.

Long, Thomas G.

2016. *The Witness of Preaching*, 3rd Ed. Westminster/John Knox Press, Louisville, KY.

McMickle, Marvin A.

2008. *Shaping the Claim: Moving from Text to Sermon (Elements of Preaching)* Fortress Press, Minneapolis, MN.

Miller, Calvin.

2010. *Preaching: The Art of Narrative Exposition.* Baker Books, Grand Rapids, MI.

Robinson, Haddon W.

2014. *Biblical Preaching: The Development and Delivery of Expository Messages* 3rd Ed. Baker Academic, Grand Rapids, MI.

Capítulo 4

FORMAS DEL SERMÓN: EL TEXTO

Jared Alcántara

Cuando una de mis hijas tenía siete años, ella regresó de la escuela cantando una canción que había aprendido sobre el ciclo del agua. La canción decía algo así: "El agua se mueve en un ciclo. Sí lo hace. El agua se mueve en un ciclo. Sí lo hace. Sube en la evaporación, luego forma nubes en la condensación, después baja en forma de precipitación. Sí lo hace." Me impresionó que una niña de siete años sabía los detalles del ciclo del agua, aunque no estaba seguro si sabía lo que significaban todas esas las palabras. ¿Cuál fue exactamente el mensaje sencillo de la canción? El agua como elemento toma varias formas diferentes: puede ser un sólido, un líquido, y un gas. A veces, sube en la evaporación. Otras veces, se transforma en nubes a través de la condensación. En otras ocasiones, baja en forma de precipitación. El agua puede asumir más de una forma. De hecho, puede tomar varias formas.

¿Por qué comenzar un capítulo sobre la forma del sermón con una canción corta sobre el agua? La razón es simple: también uno puede decir lo mismo sobre los sermones. Asi como el agua tiene la capacidad de asumir distintas formas, un sermón tiene la capacidad de asumir varias formas. Cuando los homiléticos hablan sobre formas de sermón, definen el término como, "la forma en la cual el contenido de un sermón está estructurado y compuesto."[1] Los pastores predican sermones utilizando una forma de sermón particular. Si se dan cuenta o no es una cuestión diferente. En realidad, el sermón puede ser estructurado utilizando muchas formas diferentes. Con mucha frecuencia creemos que un sermón sólo puede estar estructurado de una manera especial, por lo general lo hacemos con la misma estructura que aprendimos

---

1   Ver Thomas G. Long, "Form," en *Concise Encyclopedia of Preaching*, ed. William H. Willimon y Richard Lischer (Louisville, KY: Westminster John Knox Press, 1995), 144.

de nuestros maestros, cuando en realidad hay muchas maneras de estructurar el mensaje.

En este capítulo y el próximo, ofreceré un proceso diseñado para ayudarnos a crear formas de sermones mejores y más fuertes. En este capítulo, me enfocaré en dos pasos en particular relacionados con el texto bíblico: Determine el género, y Descubra el movimiento..

Paso 1: Determine el Género

Muchos sermones dejan de tener una forma sólida porque el predicador no es sensible al género literario del texto bíblico. El género literario es una categoría o clasificación de la literatura que se caracteriza por tener similitudes en contenido, estructura, y estilo.[2] Género proviene del Latin *gendre* que significa "una especie o clase" y traza sus raíces a la palabra del Griego antiguo *genos* que significa "familia, raza, nación, o prole." Los Griegos antiguos comenzaron a usar la palabra cuando hablaban de diferentes "familias" en la expresión artística, las tres grandes expresiones siendo la poesía, prosa, y la actuación. Cuando tratamos el tema de entender a los géneros en la Biblia, piense en ellos de una manera similar a los generos en las películas modernas. Hay diferentes categorías de películas: acción, comedia romántica, westerns, ciencia ficción, etc. La Biblia funciona de la misma forma. Hay diferentes categorías de literatura en la Escritura. De hecho, la

---

2   Para más información sobre la importancia de los géneros en la Escritura, ver Jeffrey D. Arthurs, *Preaching with Variety: How to Re-Create the Dynamics of Biblical Genres* (Grand Rapids, MI: Kregel Publications, 2007); Gordon D. Fee and Douglas K. Stuart, *How to Read the Bible for All Its Worth* (Grand Rapids, MI: Zondervan, 2003); Thomas G. Long, *Preaching and the Literary Forms of the Bible* (Philadelphia: Fortress Press, 1989); Leland Ryken, *Words of Delight: A Literary Introduction to the Bible* (Grand Rapids, MI: Baker Academic, 1993); Leland Ryken, *A Complete Handbook of Literary Forms in the Bible* (Wheaton, IL: Crossway, 2014); Christopher J. H. Wright, *How to Preach and Teach the Old Testament for All Its Worth* (Grand Rapids, MI: Zondervan, 2016).

lista es bastante larga. Osvaldo L. Mottesi cuenta al menos seis géneros principales (aunque otros eruditos sugieren hasta más) en la Biblia, y también señala algunos de los muchos géneros que existen dentro de los géneros:

> Están los géneros histórico, poético, profético, parabólico, epistolar, y apocalíptico. Luego de esta clasificación general podemos también detectar otras formas literarias. Por ejemplo, en el Antiguo Testamento encontramos tres tipos de poesía: épica, dramática, y lírica. Las epístolas del Nuevo Testamento son, entre otros, buenos ejemplos del género discursivo o argumentativo, como también del exhortativo o persuasivo. Y hay muchos otros tipos y formas en la literatura bíblica, que necesitamos conocer.[33]

¿Qué tan diferente es el Libro de Levítico al Evangelio de Marcos? El Libro de Rut a la Epístola a los Romanos? El Libro de Proverbios al del Libro del Apocalipsis? Esto lo mencionamos sin ni siquiera hablar de los subgéneros que existen dentro de los géneros más grandes. Sí, las Escrituras demuestran una notable e incluso hermosa unidad, pero se puede argumentar de manera convincente que tambien demuestra una notable y hermosa diversidad.

Imagine por un momento lo que pasaría si estuviera en un sitio de construcción y la única herramienta que tuviera en la caja de herramientas es un martillo - no hay destornillador, ni llave, ni lápiz, y ninguna sierra. ¿Sería el tipo de trabajador de construcción que desea ser? No hay duda de que estaría limitado en lo que pudiera lograr sólo con un martillo en su caja de herramientas. Por desgracia, muchas personas predican de esa manera. Sólo saben cómo usar una herramienta y, peor aún, creen que todo lo que necesitan es una herramienta: la forma de sermón que su

---

3   Osvaldo Luis Mottesi, *Predicación y Misión: Una Perspectiva Pastoral: Un Texto Didáctico Sobre La Predicación Pastoral* (Miami, FL: LOGOI, Inc., 1989), 114.

profesor les enseñó. ¿No le gustaría tener más herramientas si pudiera? ¿No es mejor tener más herramientas para ofrecerle un testimonio más fiel y eficaz a la rica variedad en la Escritura?

Sermones género-sensibles requieren las herramientas adecuadas utilizadas en el momento justo de la manera correcta. Muchos predicadores saben intuitivamente que un sermón sobre un salmo debe sonar diferente que un sermón de una epístola, pero no están muy seguros de cómo alterar la forma como resultado de las diferencias genéricas. Dennis M. Cahill escribe: "Un sermón sobre un texto narrativo debe estructurarse de manera diferente a un sermón sobre un proverbio. El formato de un sermón sobre un texto apocalíptico debe ser diferente al formato de un sermón sobre una parábola."[4] Comúnmente, sufren porque están acostumbrados a usar una herramienta en particular. Como dice el viejo refrán, "Cuando todo lo que tienes es un martillo, todo te parece un clavo." Si alguien es bueno contando historias, independientemente del texto, cada sermón se parece mucho a una narración. Si alguien es un buen predicador analítico, independientemente del texto, cada sermón suena lógico, deductivo, abstracto y bien organizado. ¿Debería sonar un sermón como una narración si el texto bíblico se basa en un argumento lógico complejo entre la ley y el evangelio en el Libro de Gálatas? ¿Debería un sermón sonar racional y lógico si el texto bíblico describe el momento exacto en que el Rey David grita de angustia con estas

---

4   Dennis M. Cahill, *The Shape of Preaching* (Grand Rapids, MI: Baker, 2007), 60. Además, Thomas G. Long hace la siguiente observación: "Los predicadores que han tratado de ser abiertos y cuidadosos a los textos bíblicos en su predicación han sentido durante mucho tiempo que un sermón basado – por ejemplo- en un salmo, debería de alguna manera ser diferente de uno que crece de una historia de milagros - no solo por lo que dicen cada uno de los textos sino también por cómo lo dicen-. Un salmo es poesía, una historia de milagros es narrativa; y debido a que son dos formas literarias distintas, 'llegan' al lector de diferentes maneras y crean efectos contrastantes." Ver Long, *Preaching and the Literary Forms of the Bible*, 11.

palabras porque su hijo acaba de ser muerto "¡Ay, Absalón, hijo mío!
¡Hijo mío, Absalón, hijo mío! ¡Ojalá hubiera muerto yo en tu lugar! ¡Ay,
Absalón, hijo mío, hijo mío!"(2 Sam. 18:33)

Una reverencia robusta en la inspiración bíblica requiere una
creencia de que es *no sólo* el contenido del texto, *sino también* la forma
del texto que está inspirada por Dios. Un respeto sano por el género
literario requiere un reconocimiento continuo que los textos bíblicos no
son "recipientes inertes de conceptos teológicos."[5] La forma del texto
juega un papel integral en su significado.

Entonces, ¿cómo pueden los predicadores predicar sermones
más sensibles al género? ¿Cómo se añaden estas herramientas en la
caja de herramientas, si se quiere? Como en el paso previo, permítanme
proponer cinco preguntas que hacerse (y respuestas) en la preparación
de sermones. Esto ayudará a que entendamos el proceso de una manera
más fácil en este momento. La suposición subyacente es que los
predicadores *también* verán al texto a través de una manera bíblica,
gramática, histórica, personal, devocional, eclesial, y con objetivo
global. Mi recomendación para los predicadores aquí es participar en lo
que se refiere a Mottesi como un "estudio estilístico del pasaje."[6] Aquí
están las cinco preguntas.

1. ¿Cuál es el género del texto? Esta pregunta puede pare-
    cer obvia, pero no debe ser pasada por alto. Los libros del
    Antiguo Testamento se organizan en tres secciones prin-

---

5   Long escribe que cuando los predicadores ignoran el género literario ab-
straen ideas e ignoran la forma en que surgen las ideas. El advierte que lo que sucede
es bastante peligroso: "La tarea del predicador se convierte simplemente en arrojar el
texto a un lagar exegético, exprimiendo la cuestión conceptual, y luego descubriendo
formas homiléticas de hacer que esas ideas sean atractivas para los oyentes contemporáneos. La forma literaria y retórica de los textos no importa para nada; se descarta
como si fuese un ornamento. Ver Long, *Preaching and the Literary Forms of the
Bible*, 12.

6   Mottesi, *Predicación Y Misión*, 114.

cipales: la Ley ("Tora"), la Sabiduría (o "los Escritos"), y los Profetas. Los libros del Nuevo Testamento también están organizados por secciones: evangelios, epístolas y apocalíptica. En realidad, el Libro del Apocalipsis funciona más como un género híbrido. Técnicamente, fue escrito como una carta a siete iglesias (una epístola), pero también contiene lenguaje muy escatológico (apocalíptico) durante la mayor parte del libro. Estas clasificaciones más grandes son útiles, pero trate de ser más específico. Tome categorías de Mottesi como un ejemplo (aunque algunos eruditos ofrecen listas más cortas y largas). ¿Es el género del texto bíblico que se va a predicar, "histórico, poético, profético, parabólico, epistolar, apocalíptico?"

2. ¿Cuál es el sub-género del texto? Esta pregunta ayuda al predicador a ser más específico. Recuerde que en el punto anterior mencioné que existen géneros dentro de los géneros. ¿En la categoría masiva de historia, es este texto una historia, una genealogía, una recitación de la ley, un sermón, o un pacto? Si el texto está en los Evangelios, ¿Se trata este texto de una historia milagrosa, una historia de nacimiento, un comentario, o un relato de un testigo? Si usted está predicando un sermón desde el Libro de los Salmos, ¿Es el salmo que predica un lamento, una alabanza, es imprecatorio, histórico, narración, real, o salmo de acción de gracias? ¿Es un salmo de ascenso como el Salmo 121? ¿Es un comienzo de liturgia como el Salmo 24? Si usted está predicando la literatura profética, ¿Es el género que habla de juicio, un oráculo de "ay," un oráculo de salvación, un himno, o una visión? También, ¿Es la profecía sobre el presente o el futuro inmediato, una época futura, o una era apocalíptica simbólica?[7] Incluso cuando se predica desde las Epístolas, ¿Es el texto un argumento sofisticado de Pablo sobre el papel de Israel en el plan de la redención de Dios en Romanos

---

7   Smith afirma que hay tres categorías principales de profecía: profecías presentes o futuras inmediatas, profecías sobre una era futura y profecías sobre una era simbólica apocalíptica. Ver Gary V. Smith, *Interpreting the Prophetic Books: An Exegetical Handbook* (Grand Rapids, MI: Kregel, 2014).

9-11?, ¿O es el himno doxológico al final de los capítulos (Rom. 11:33 -36), ¿O es un mandamiento a vivir la vida como un acto de adoración así como en Romanos 12:19-21?

3. ¿Qué hace el texto? En otras palabras, ¿cuál es la función del texto, y qué respuesta tiene que obtener de sus oyentes o lectores? Un proverbio nos muestra como la sabiduría se ve en la vida cotidiana. Un salmo nos invita a adorar y entender lo que significa la alabanza o el lamento. Una historia puede darnos una ventana a la naturaleza de Dios y la humanidad. Tal vez una profecía nos da una idea de la visión que Dios tiene para el mundo de ahora o en el futuro. ¿Te invita el texto a la adoración? ¿Tiene propósito de inspirar o reprender? ¿A que nos llama el texto que has escogido, a arrepentirse, obedecer, a recibir seguridad de salvación, a descansar en las promesas de Dios, a alegrarse, a lamentar, o alabar? ¿Provee el texto un shock o comforta, advierte, sorprende, condena, o desafía? El predicador género-sensibles considera lo que el texto dice *y* lo que el texto hace con lo que dice.

4. ¿Qué herramientas ayudan a facilitar el movimiento del texto al sermón? Cada género es diferente y requiere diferentes herramientas. Con textos narrativos, analizar cuestiones como la trama, los personajes, el escenario, punto de vista, y el recurso literario. Con la poesía, tenga en cuenta las cuestiones de unidad, la estructura, imágenes, las emociones, los sentidos y los recursos poéticos. Con textos proféticos, considere la dinámica histórica y retórica, el entorno, el período de tiempo del libro, así como el período de tiempo profetizado, y los efectos deseados sobre los lectores originales e imaginarios. Con las cartas, el estudio de los principales verbos auxiliares frente a los verbos, conjunciones, la lógica, los recursos literarios, los indicativos, imperativos, la ocasión, y la audiencia. Algunas de estas recomendaciones pueden parecer intuitivas dado que aparecen a menudo en los debates sobre la forma de leer y estudiar la Biblia. Sin

embargo, recuerde que la sensibilidad de género requiere el uso de la herramienta adecuada en el camino correcto en el momento adecuado. Cuando el Rey David dice: "El Señor es mi pastor" en el Salmo 23:1, recuerde en hacer una exégesis como una metáfora en el contexto más amplio de un poema. Cuando predique sobre un proverbio, recuerde que los proverbios bíblicos, igual que los proverbios modernos, son verdades en lo general pero no de manera definitiva todo el tiempo. Los creyentes cumplen con ellos porque nos apuntan hacia una vida sabia no debido relación directa de causa y efecto.

5.   *Si es posible, ¿cómo pudiera ser la forma del texto reflejada en la forma del sermón?*[8] La frase "si es posible" reconoce que la forma del texto y la forma del sermón no son siempre compatibles. Por ejemplo, si el pasaje bíblico sólo hace hincapié en la ley, el juicio y la destrucción, el predicador tiene que tomarse esto serio, y también tiene que recordar que tiene la responsabilidad de predicar el evangelio de la gracia de Dios como el antídoto. Tambien, un salmo no *tiene que* ser predicado como un poema de la misma manera que un sermón sobre una oración no tiene que ser una oración de principio a fin.[9] En su lugar, el predicador debe preguntar en qué manera (si la hay) la forma del sermón podría cumplir e incluso imitar la forma del pasaje. Si la verdad básica del pasaje se revela al final en lugar de comienzo, ¿Puede el sermón seguir un patrón similar? ¿Si el texto comienza con el lamento y termina en la alabanza, pudiera el sermón también comenzar con el lamento y terminar en la alabanza? Si el texto de narración comienza con la tensión y la am

---

8   Esta pregunta está inspirada en una pregunta similar planteada por Long: "¿Cómo puede el sermón, en un entorno nuevo, decir y hacer lo que dice y hacen los textos en su propio entorno?" Ver Long, *Preaching and the Literary Forms of the Bible*, 33.

9   En su popular libro *Preaching*, el homilético de Estados Unidos Fred Craddock nos recuerda: "Un texto que es una oración no necesita un sermón en forma de oración." Ver Fred B. Craddock, *Preaching* (Nashville: Abingdon Press, 1985), 178, as cited in Dennis M. Cahill, *The Shape of Preaching* (Grand Rapids, MI: Baker, 2007), 60.

bigüedad, y despues llega a su clímax, y luego se mueve hacia la resolución y claridad, ¿habra alguna manera de hacer que el sermón refleje esta progresión?

Por supuesto, se puede hacer mucho más como predicadores para ser más sensibles a los géneros de las Escrituras, pero haciendonos y respondiendo estas cinco preguntas nos ayudará en nuestro camino.

Paso 2: Descubre el Movimiento

Un sermón no es sólo un argumento en el espacio; También es un viaje en el tiempo. El predicador espera que sus oyentes sigan el sermón a través de su introducción, cuerpo y conclusión para mantener su atención durante todo el viaje. Un sermón no solo explica e informa, sino que también se despliega e invita. Muy a menudo pensamos en los textos bíblicos en términos de espacio y no de tiempo, y por lo tanto, también pensamos en la forma de sermones en términos de espacio y no de tiempo.

Descubre el movimiento es otra forma de decir que estudie cómo se desarrolla un texto y como fluye, no sólo lo que dice. Cuando termina el poema o el cuento, ¿se termina donde comenzó o hay progresión y movimiento? Piense en cómo comienza el Salmo 22: "Dios mío, Dios mío, ¿por qué me has abandonado?" Sin embargo, este termina con una descripción vívida de un Dios que gobierna y reina, un Dios que lo ha "hecho" (Sal 22:31) Tenga en cuenta cómo comienza la parábola del buen samaritano, "Bajaba un hombre de Jerusalén a Jericó, y cayó en manos de unos ladrones." (Lc 10:30) La historia termina con una pregunta provocativa y sondeando, "¿Cuál de estos tres piensas que demostró ser el prójimo del que cayó en manos de los ladrones?"(Lc 10:36) ¿Se recuerda de la historia de Jesús y la mujer samaritana en Juan 4? Comienza con dos extraños que se encuentran en un pozo y termina con la samaritana testificandole a sus vecinos que tienen que venir y conocer al Mesías. Ella dice: "Me ha dicho todo lo que he hecho." (Juan 4:39)

Al igual que un texto bíblico, un sermón con una forma fuerte se desarrolla y avanza, al menos tiene el potencial para hacerlo en las manos de un predicador capaz. Es cinético en lugar de estático. Cecilio Arrastía compara un sermón a una sinfonía. Él escribe: "El sermón debe ser una sinfonía y, como toda obra musical, tendrá sus momentos majestuosos y lentos y sus pasajes ligeros y rápidos. Esto comienza a definirse en esta estructura provisional."[10] Tiene momentos de calma, momentos de crescendo, y momentos de resolución. Arrastía sigue: "Comenzando con un pianissimo atractivo, pasa por un forte valiente y desemboca en un fortissimo que proclama la gracia de Dios. Es una especie de sinfonía patética."[11] Como caso de estudio, vamos a examinar un pasaje popular encontrado en Marcos 4:35-41. Esta es la historia en la que Jesús y sus discípulos entrar en un barco en el Mar de Galilea, y una "tempestad de viento" golpea el barco en medio de la noche, y los discípulos temen que se van a ahogar. Hay otros libros en los cuales se cuenta esta historia ademas del relato de Marcos, pero mantendremos a Marcos 4 como texto principal. Echemosle un vistazo a la historia:

> [35] Ese día al anochecer, les dijo a sus discípulos: —
> Crucemos al otro lado. [36] Dejaron a la multitud y se fueron
> con él en la barca donde estaba. También lo acompañaban
> otras barcas. [37] Se desató entonces una fuerte tormenta,
> y las olas azotaban la barca, tanto que ya comenzaba a
> inundarse. [38] Jesús, mientras tanto, estaba en la popa,
> durmiendo sobre un cabezal, así que los discípulos lo

---

10   Arrastía, *Teoría y Práctica de La Predicación* (Miami, FL: Editorial Caribe, 1992), 70.

11   Arrastía, 138.

despertaron.—¡Maestro! —gritaron—, ¿no te importa que nos ahoguemos? [39] Él se levantó, reprendió al viento y ordenó al mar:—¡Silencio! ¡Cálmate! El viento se calmó y todo quedó completamente tranquilo. [40] —¿Por qué tienen tanto miedo? —dijo a sus discípulos—. ¿Todavía no tienen fe? [41] Ellos estaban espantados y se decían unos a otros: —¿Quién es este, que hasta el viento y el mar le obedecen?

En primer lugar, observe el movimiento. Se inicia con un simple mandato y una situación de calma en los versículos 35-36. Luego, en el versículo 37, el conflicto entra en el relato: una tormenta casi destruye al barco, junto con aquellos que viajan en él. Los discípulos se preguntan si Jesús está preocupado por ellos en el verso 38. Jesús reprende el viento y las olas en el versículo 39 y luego reprende a los discípulos en el versículo 40. El mar está en calma una vez más, lo que significa que el conflicto que entró en el texto en el versículo 37 ha sido resuelto. La consecuencia o el "¿y entonces qué?" de la historia viene en el verso 41, cuando los discípulos tal vez tienen más miedo de lo que va a pasar que en la tormenta. "¿Quién es este ?," se preguntan. "Hasta el viento y el mar le obedecen!" El que entró en la barca con ellos, Jesús, es mucho mas grande de lo que habían pensado al principio. Ellos experimentan un cambio profundo en su comprensión, uno radicalmente diferente al que tenían cuando entraron en el barco en el versículo 36.

Note también los detalles de la historia. Son fáciles de pasar por alto si se lee el texto con demasiada rapidez. Aquí hay algunos detalles que puede haber perdido:

☐ V. 36a: **"Dejaron a la multitud"** Un exégeta cuidadoso se pregunta dónde estaba Jesús antes del desarrollo de esta escena. ¿Es posible que Jesus se durmió porque estaba ministrando a las multitudes durante todo el día? Habíamos leído sobre esto sólo unos pocos versículos antes.

☐ V. 36b: **"También lo acompañaban otras barcas."** Muchas representaciones de artistas representan a Jesús y los discípulos solitarios en el Mar de Galilea, pero, de acuerdo con el relato de Marcos, habían otros barcos en el mar. Este es el único reporte en los Evangelios que incluye este detalle concreto.

☐ V. 37: **"Se desató entonces una fuerte tormenta."** Este pequeño detalle ayuda al lector a entender que esta no fue una tormenta ordinaria. El viento, las olas y el agua que llena el barco suena mucho más como un huracán que una tormenta. El hecho de que la mayoría de las personas en el barco eran pescadores de mucha experiencia y todavía tenían miedo de que se iban a morir nos ayuda a ver que esto no fue una tormenta de menor importancia.

☐ V. 38a: **"durmiendo sobre un cabezal."** Recuerdo escuchar a un predicador decir una vez, "Jesús no se durmió accidentalmente. Cuando alguien se queda dormido en un colchón, es porque está planeando descansar por un rato."

☐ V. 39: **"¡Silencio! ¡Cálmate!"** En el idioma original, el imperativo 'cálmate' puede ser traducido como 'Se amordazado.' La misma imagen que se utiliza para amordazar a un caballo o un perro se utiliza también cuando Jesús amordaza al viento y las olas.

☐ V. 41: **"Ellos estaban espantados."** Los discípulos no estaban impresionados o sorprendidos. Algunas de sus versiones dicen, "llenos de miedo." La frase aquí es literalmente "Le temían a un gran temor." En otras palabras, experimentaron un temor reverencial mezclado con auténtico miedo por lo que pasó. Tal vez estaban más "asustados" de lo que estaban durante la tormenta porque descubrieron el alcance del poder y la autoridad de Jesús.

☐ V. 35: **"Crucemos al otro lado"** Nuestros pensamientos sobre esta historia comienzan a desplegarse cuando cambiamos el punto de vista de los discípulos lleno de miedo y preocupación al punto de vista de Jesús. Mucho antes de que llegara la tormenta, Jesús hizo una promesa de ir desde un lado del Mar de Galilea hacia el otro lado.

Estos son sólo algunos ejemplos de los muchos detalles en Marcos 4:35-41. Podríamos perderlos si no ralentizamos el tiempo en lo suficiente para considerar todos los detalles concretos en el texto bíblico. Observamos estos detalles sin decir casi nada acerca de cómo Jesús muestra su autoridad sobre la naturaleza en este texto o cómo esta historia participa en un tema mayor en Marcos 1-5 sobre la autoridad de Jesús en todas las cosas como la enfermedad, el pecado, la naturaleza, y la muerte.

¿Es posible que el sermón honre al movimiento en el texto? Mi respuesta es sí. El punto se desarrolla inductivamente que merece un enfoque inductivo para el sermón. Vamos a discutir lo que es un enfoque inductivo en la siguiente sección. En este momento, lo más importante es recordarse que la idea principal es revelada hacia el final del pasaje en vez del principio. Vamos a contar con la ayuda de Pablo A. Jiménez para describir la progresión. Para que el sermón refleje el movimiento del texto, comience con la introducción de los personajes, el escenario y la situación. Jiménez se refiere a esta parte de un sermón narrativo como el "marco escénico." Después, introduzca el conflicto, a lo que Jiménez se refiere como la "trama." Una tormenta amenaza con volcar el bote y posiblemente matar a los discípulos y a Jesús. Después, pase al momento culminante de la historia, a lo que Jiménez se refiere como el "punto culminante." Jesús reprende el viento y las olas y también reprende a los discípulos. Por último, muévase a presentar el asombro y la maravilla de la experiencia que los discípulos experimentaron cuando vieron los poderes milagrosos de Jesús sobre la naturaleza.

"¿Quién es este?," se preguntan. Jiménez describe el movimiento final como el "desenlace" que define como, "la tensión narrativa se disipa y la situación problemática comienza a resolverse."[12] Cuando el sermón sigue un esquema que refleja al texto, avanza en gran parte de la misma manera en los oyentes modernos que en los antiguos. La verdad y el poder de la historia se desarrollan ahora tal y como se hizo antes.

Conclusión

Géneros específicos de textos bíblicos son como diferentes tipos de deportes. Así como cada deporte tiene reglas diferentes; del mismo modo, cada género de texto tiene reglas diferentes. Cometemos un error si aplicamos las mismas reglas en cada situación. Los textos son diversos y multifacéticos. Un poema dice y hace las cosas de manera diferente a una epístola o un narrativo.

Tambíen, podemos reflejar el pasaje en nuestro esquema si descubrimos el movimiento del texto. Los escritores bíblicos nos invitan a viajar con ellos a través de la historia del texto para que podamos recorrer el mismo camino que recorrieron para llegar a su destino. Si realmente queremos tomar el texto en serio, no exigiremos que nos siga en nuestro camino. Seguiremos el texto por su camino. Esa es la única y mejor manera de encontrar el destino que buscamos como predicadores.

---

12   Pablo A. Jiménez, *Principios de Predicación* (Nashville, TN: Abingdon Press, 2003), 98.

Bibliografía

Arrastía, Cecilio
    1992   *Teoría y Práctica de La Predicación*. Miami, FL: Editorial Caribe.

Arthurs, Jeffrey D.
    2007   *Preaching with Variety: How to Re-Create the Dynamics of Biblical Genres*. Grand Rapids, MI: Kregel Publications.

Cahill, Dennis M.
    2007   *The Shape of Preaching*. Grand Rapids, MI: Baker.

Craddock, Fred B.
    1985   *Preaching*. Nashville, TN: Abingdon Press.

    2001   *As One Without Authority*. St. Louis, MO: Chalice Press.

Fee, Gordon D., and Douglas K. Stuart
    2003   *How to Read the Bible for All Its Worth*. Grand Rapids, MI: Zondervan.

Jiménez, Pablo A.
    2003   *Principios de Predicación*. Nashville, TN: Abingdon Press.

Long, Thomas G.
    1989   *Preaching and the Literary Forms of the Bible*. Philadelphia, PA: Fortress Press.

    1995   "Form." In *Concise Encyclopedia of Preaching*, edited by William H. Willimon and Richard Lischer. Louisville, KY: Westminster John Knox Press.

Mottesi, Osvaldo Luis
    1989   *Predicación y Misión: Una Perspectiva Pastoral: Un Texto Didactico Sobre La Predicación Pastoral*. Miami, FL: LOGOI, Inc.

Robinson, Haddon W.
    2014   *Biblical Preaching: The Development and Delivery of Expository Messages*. Grand Rapids, MI: Baker Academic.

Ryken, Leland
    1993   *Words of Delight: A Literary Introduction to the Bible*. Grand Rapids, MI: Baker Academic.

    2014   *A Complete Handbook of Literary Forms in the Bible*. Wheaton, IL: Crossway.

Smith, Gary V.
    2014   *Interpreting the Prophetic Books: An Exegetical Handbook*. Grand Rapids, MI: Kregel.

Vila, Samuel
    1984   *Manual de Homilética*. Barcelona, Spain: Editorial Clie.

Wright, Christopher J. H.
    2016   *How to Preach and Teach the Old Testament for All Its Worth*. Grand Rapids, MI: Zondervan.

Capítulo 5

FORMAS DEL SERMÓN: EL MENSAJE

Jared Alcántara

La estructura y el diseño de un sermón son muy importante en la predicación. Refuerzan aquellos sermones que carecen de coherencia y dirección. Les rinden homenaje a la forma del texto y el contexto: a la Palabra que predicamos y a la congregación que escucha nuestra predicación.

En el capítulo anterior, me enfocaré en los primeros dos pasos relacionados al texto: Determine el género, y Descubra el movimiento. Pero, en este capítulo, me enfocaré en dos pasos relacionados al mensaje: Desarrolle la estructura y Diseñe el sermón. Antes de presentar los dos próximos pasos, sin embargo, vamos a discutir por qué los predicadores deben considerar y estudiar la estructura del sermón.

La Razón por la cual la Estructura de un Sermón es Importante en la Predicación

Muchos predicadores se alejan de las discusiones sobre la forma de un sermón o, si son realmente estridentes, rechazan la discusión en total. ¿Por qué preocuparse por la forma del Evangelio, cuando lo que realmente importa es su sustancia, ¿verdad? ¿Qué pasa si la verdad de alguna manera desaparece del sermón debido a lo que se siente, como una perdida de tiempo excesiva en introducciones memorables, conclusiones, puntos principales y la estructura? Si el trabajo del predicador es predicar el Evangelio y no dar un gran discurso o impresionar a la gente con una presentación artística, ¿por qué no predicar el Evangelio y dejar el resto en paz? Los predicadores saben que tienen la responsabilidad de comunicar la Palabra de Dios con claridad, precisión, y fidelidad, por lo cual muchos de ellos temen que centrarse en la *forma de un sermón* de alguna manera los distraera de esta tarea. Como aquellos "aprobados por Dios para que se nos confiara el evangelio" (1 Tes. 2: 4) no quieren tergiversar la Palabra de Dios.

Un respeto sano por la *forma de un sermón* no nos lleva más lejos de la Palabra de Dios, nos acerca a ella. Fíjese en los escritores de la Biblia. ¿Les importaba cómo el contenido de su mensaje fue expuesto? Por supuesto que sí! Ellos presentaron sus ideas utilizando formas y estructuras que eran reconocibles para las comunidades a las que le escribian. De acuerdo a Thomas G. Long, "Existe evidencia considerable que revela que los escritores del Nuevo Testamento no eran indiferentes a cuestiones de forma y poesía, pero emplearon numerosas estrategias literarias y retóricas en sus composiciones."[1] Los autores de los evangelios describen a la vida de Jesús en la forma biográfica familiar del día conocida como el *bios.* Los escritores de las epístolas escribieron cartas de acuerdo a los modos habituales de escritura de cartas. Los salmistas escribieron poesía junto con música para ser cantados en cultos públicos. Dentro de cada uno de estos géneros existen patrones retóricos, poéticos y estructurales altamente sofisticados. Los escritores bíblicos sabían cómo usar las formas y estructuras que estaban hechas a la medida de cada de sus circunstancias. Aquellos que se esfuerzan por ser fieles a la Escritura no sólo se esforzarán para decir lo que dicen los escritores bíblicos, pero tambien para decir lo que hacen los escritores bíblicos.

Además, observe que los sermones en la Biblia, especialmente aquellos en el Nuevo Testamento, llegan a sus oyentes con formas

---

1   Ver Thomas G. Long, "Form," en *Concise Encyclopedia of Preaching*, ed. William H. Willimon y Richard Lischer (Louisville, KY: Westminster John Knox Press, 1995), 145.

reconocibles.[2] Cuando Jesús predicaba, enseñaba mucho en parábolas, una forma reconocible de narración, y cuando él no utilizaba parábolas, enseñaba de acuerdo con las tradiciones rabínicas familiares de su día. El predicó de una manera mucho más dialógica que muchas de las tradiciones de hoy dia. Es decir, se relacionaba más con los que lo escuchaban, haciéndoles preguntas y atrayéndolos hacia la verdad.[3] Cuando Pedro le predicó a sus compañeros Judíos en el dia de Pentecostés en Hechos 2, estructuró su sermón con un claro principio, medio y final; citó ampliamente pasajes de las Escrituras hebreas como Joel 2, el Salmo 16, y el Salmo 110; y, les ofreció a sus oyentes una explicación bíblica-teológica de como Jesús es el verdadero Mesías del pueblo judío y el Señor de todas las personas. (Hechos 02:36) Por lo contrario, cuando le predicó a los gentiles en la casa de Cornelio en Hechos 10, Pedro *no* citó de las Escrituras hebreas para fundamentar sus reclamaciones; testificó que Dios "acepta de toda nación al que le teme y hace justicia" (Hechos 10:35); contó la historia de la vida de Jesús, su muerte y resurrección y explicó a los oyentes que los profetas testificaron que 'todo aquel que cree en él [Judío y gentiles], recibirá perdón de pecados por su nombre.' (Hechos 10:43) El mismo argumento puede ser hecho para el apóstol Pablo cuyo sermón siguió una forma particular cuando hablaba a los Judíos en la sinagoga en Hechos 13: 16-41 y cuyo sermón siguió

---

2   Long también observa que: "Evidentemente, muchos de los primeros pred-icadores cristianos estructuraron sus sermones según el modelo de aquellos que se predicaban en la sinagoga, ya que eran bastante astutos en términos de estrategia estructural y sofisticados en el diseño comunicacional." Long, 145.

3   Un erudito contó todas las preguntas que Jesús hizo en su ministerio, y su-man 307 preguntas en total. Ver Martin B. Copenhaver, *Jesus Is the Question: The 307 Questions Jesus Asked and the 3 He Answered* (Nashville, TN: Abingdon Press, 2014).

una forma diferente en la predicación a los gentiles en el Areópago en Hechos 17: 22-31.[4]

Los escritores y predicadores de las Escrituras nos muestran que la forma y el contenido están relacionados entre sí y son interdependientes. Los que abogan por tener contenido y abandonan el trabajo de *forma*, trabajan en una falsa dicotomía que posiciona a los dos conceptos injustamente uno en contra del otro. La verdad es que el contenido necesita de una forma para tomar forma, y la forma necesita contenido para que su forma sea significante en el mundo real. Osvaldo L. Mottesi sostiene que la forma y el contenido de "son realidades interrelaccionadas que se implican mutuamente y, por lo tanto, son todos imprescindibles e importantes por igual"[5] Decir que la forma no es importante para el contenido es muy parecido a decir que el agua no es importante para un pez y que el aire no tiene importancia para los seres humanos. El hecho de que la gente da por concedido, no significa que sea menos importante.

Los predicadores cristianos deben preocuparse por *ambos,* la forma y el contenido: lo que dicen *y* cómo estructurar lo que dicen. Cuando se oscila el péndulo demasiado lejos en una dirección el sermón sufre (y esto significa que el oyente sufre). Por un lado, cuando el predicador sólo se preocupa por la forma, existe el peligro de perder de vista el mensaje del Evangelio. Una forma de sermón inteligente no le da licencia al predicador de ignorar lo que tiene que decir, o dejar de anunciar el evangelio de Jesucristo de las Escrituras. Como San Agustín

---

4   Para más información sobre cómo los apóstoles estructuraron sus sermones de maneras específicas de acuerdo al contexto cultural en el Libro de los Hechos, ver Dean E. Flemming, *Contextualization in the New Testament: Patterns for Theology and Mission* (Downers Grove, IL: InterVarsity Press, 2005), 56, 76, 86.

5   Osvaldo Luis Mottesi, *Predicación y Misión: Una Perspectiva Pastoral: Un Texto Didáctico Sobre La Predicación Pastoral* (Miami, FL: LOGOI, Inc., 1989), 171–72.

dice, "Existe el peligro de olvidar lo que uno tiene que decir mientras que trabajamos en una manera inteligente para decirla."[6] Por otro lado, cuando los predicadores sólo se preocupan por el contenido, existe el peligro de perder al oyente a quien se le dirige el sermón del evangelio. Con esto, no me refiero a perder al oyente que, naturalmente, rechaza al evangelio como un delito y como obstáculo. El apóstol Pablo perdió un buen número de oyentes cuando habló en el Areópago. Pensaron que sus afirmaciones acerca de la resurrección no tenían fundamento e incluso lo ridiculizaron: "Cuando se enteraron de la resurrección, unos se burlaron." (Hechos 17:32) Más bien, quiero decir que perdemos al oyente porque nuestra mala forma y estructura les impiden oír el evangelio. En otras palabras, nuestra falta de organización, la cohesión débil, y la falta de comunicación se convierten en los escollos que bloquean a los oyentes en la audiencia. Cuando se rechaza la importancia de la forma de sermón, muy a menudo no nos damos cuenta de lo que está en juego. Cecilio Arrastía invita predicadores a considerar la importancia de la forma de sermón a través de esta pregunta: "¿Será la estructura un canal o un obstáculo en la comunicación del mensaje?"[7]

Piense en la forma de un sermón y en el contenido asi como lo haría con huesos y carne. Nuestros huesos le dan a nuestros cuerpos una forma particular, y nuestra piel nos hace reconocibles a los que nos rodean. Ahora imagine piel sin huesos, huesos sin piel. Eso es lo que sucede cuando un sermón carece de forma o contenido. Un sermón con buen contenido y mala forma es como tener piel sin huesos. No importa lo bueno que sea el contenido, la estructura le impide tomar una

---

6   Ver Book IV: 11-12 in St. Augustine, *On Christian Teaching* (New York: Oxford University Press, 2008), 103.

7   Cecilio Arrastía, *Teoría y Práctica de La Predicación* (Miami, FL: Editorial Caribe, 1992), 42.

forma reconocible. Por el contrario, un sermón con buena estructura y contenido pobre es como huesos sin piel. La gente puede ser capaz de identificar la idea principal, los puntos principales, y la sofisticación retórica del sermón, pero no es de mucha importancia si no hay carne en los huesos. Mottesi afirma que un sermón con gran estructura pero contenido pobre "será superficial o irrelevante," mientras que un sermón con gran contenido, pero una pobre estructura no llegará nunca "donde todo sermón debe: a las necesidades humanas." El escribe:

> Un sermón estructuralmente impecable, pero con un contenido débil, podrá quizás producir una experiencia comunicativa funcionalmente acertada, pero el mensaje ofrecido será superficial o irrelevante. Será un esqueleto de huesos secos. Por el contrario, un sólido contenido bíblico-teológico, sin una estructura que naturalmente lo acompañe, será un cuerpo amorfo, gelatinoso, imposibilitado de llegar a donde todo sermón debe: a las necesidades humanas. La disyuntiva no es contenido o estructura, mensaje o bosquejo, sino sermón, donde el 'esqueleto, los músculos, y la carne,' son partes indivisibles e integrantes de un cuerpo armónico y dinámico.[8]

¿Quién quiere ver un esqueleto sin carne, o quien quiere mirar a piel sin huesos?[9] Hay una razón por la cual ninguna de estas imagenes son

---

8   Mottesi, *Predicación y Misión*, 172.
9   Greg R. Scharf usa la misma metáfora y hace afirmación similar al de Mottesi cuando escribe: "Los sermones necesitan sustancia y estructura. El cuerpo humano necesita un esqueleto y carne para estar presentable, sin embargo, demasiado esqueleto o carne no es ideal. La estructura del sermón, como un esqueleto, no debe llamar la atención sobre sí misma. Si puedes ver mi esqueleto, tengo un problema. Por otra parte, si tuviera un cuerpo de carne sin esqueleto, estaría en un problema aún mayor. Los sermones que dejan a los oyentes capaces de reproducir el esquema, pero nada más, no son muy útiles. De la misma manera, los sermones sin una estructura discernible -por lo general- no ayudan a los oyentes a captar y retener la sustancia del texto. Los predicadores rara vez nacen sabiendo cómo equilibrar el esqueleto y la carne, la estructura y los pensamientos. ¿Qué dirían tus oyentes de tus sermones? ¿Es uno de estos dos

particularmente deseables. Se necesitan las dos para que la imagen tenga sentido. El punto es encontrar un equilibrio.

A pesar de que hay un montón de predicadores produciendo sermones que tienen huesos sin piel, o forma sin contenido, hay un número considerable de predicadores en formación que tienen el problema opuesto. Producen sermones que tienen la piel sin huesos, o el contenido sin forma. Muchos de los sermones que escucho como profesor de predicación tienen fuerte contenido pero forma débil. Tal vez es porque trabajo en un seminario y estoy conectado a la educación teológica. Tal vez no. Ya hemos discutido algunas de las razones por las cuales esto ocurre: cuando la sustancia se estima sobre la estructura o por tener miedo de que uno de alguna manera va a diluir la verdad. También hablamos de por qué este no debería ser el caso: los patrones que nos dieron los escritores y predicadores bíblicos, y la interrelación entre forma y contenido. La verdad es que muchos de los predicadores que escucho cuyos sermones tienen un buen contenido y la mala forma no predican sermones de esta manera debido a las falsas dicotomías, sospechas, temores o preocupaciones. Lo que sucede es que no saben cómo equilibrar la forma y el contenido de una manera saludable. En otras palabras, ellos tienen dificultad en ponerle huesos a la carne para que el sermón adquiera una forma reconocible e incluso agradable.

Paso 1: Desarrolle la Estructura

Aunque hay muchas maneras de estructurar sermones, introduciremos tres posibilidades principales: deductivo, inductivo, y semi-inductivo. En un sermón deductivo, el predicador pone en primer plano la idea principal. En un sermón inductivo, el predicador retrasa

elementos vitales deficiente en la mayoría de tus mensajes?" Ver Greg R. Scharf, *Let the Earth Hear His Voice: Strategies for Overcoming Bottlenecks in Preaching God's Word* (Phillipsburg, NJ: P&R Publishing, 2015), 155.

la revelación de la idea principal hasta más tarde en la predicación. En un sermón semi-inductivo, el predicador divulga al objeto en el principio, pero no la idea principal. El libro de Haddon W. Robinson *Predicación Bíblica* describe estos tres enfoques bastante bien asi que vamos a interactuar con su trabajo en nuestra discusión de las formas de sermones.[10]

Forma de Sermón Deductivo

La primera manera de estructurar un sermón es la forma *deductiva.* Así define un sermón deductivo Haddon Robinson: "la idea se afirma por completo como parte de la introducción al sermón, y luego el sermón se desarrolla a partir de esa idea."[11] En otras palabras, el predicador establece la bandera que va a reclamar de frente. No se trata de sólo decir de lo que se va a hablar en un principio. Usted da la idea principal de lo que se va a hablar al principio. Despues, los componentes de la idea principal se revelan más adelante en el sermón. El predicador comienza con lo general, se mueve a lo específico, y reafirma el postulado general al final con el fin de ayudar a la gente a recordar la idea principal.

Piense en ellos como lo haria con una tesis de un documento oficial. En la mayoría de los casos, especialmente en los Estados Unidos, el escritor afirma la tesis en un principio con el fin de ofrecerle al lector una clara representación de lo que será discutido en el papel. Hay un libro clásico por un erudito llamado Orlando Patterson llamado *Esclavitud como la Muerte Social.*[12] Al principio del libro, Patterson

---

10   Haddon W. Robinson, *Biblical Preaching: The Development and Delivery of Expository Messages* (Grand Rapids, MI: Baker Academic, 2014), 79.
11   Robinson, 78.
12   Orlando Patterson, *Slavery and Social Death: A Comparative Study* (Cambridge, MA: Harvard University Press, 1982).

sostiene que la esclavitud era una forma de muerte social porque creaba a esclavos impotentes, alienados natalmente (que significa que no tenían nombre), y que fueran infamados. El resto del libro prueba la tesis que Patterson sostiene al descomprimir los tres componentes de su propuesta. En la tradición de una tesis, un sermón deductivo establece la idea principal al comienzo. Se mueve de lo general a lo específico. El predicador ofrece la propuesta principal y luego ofrece los componentes a traves del sermón.

Aquí está un ejemplo de una historia bien conocida en la Escrituras: la alimentación de los cinco mil en Juan 6: 1-15. Voy a enumerar aquí este texto como punto de referencia para los tres enfoques diferentes. El mismo texto será un punto de orientación para cada tipo:

> [1] Algún tiempo después, Jesús se fue a la otra orilla del mar de Galilea (o de Tiberíades). [2] Y mucha gente lo seguía, porque veían las señales milagrosas que hacía en los enfermos. [3] Entonces subió Jesús a una colina y se sentó con sus discípulos. [4] Faltaba muy poco tiempo para la fiesta judía de la Pascua. [5] Cuando Jesús alzó la vista y vio una gran multitud que venía hacia él, le dijo a Felipe:—¿Dónde vamos a comprar pan para que coma esta gente? [6] Esto lo dijo solo para ponerlo a prueba, porque él ya sabía lo que iba a hacer. [7] —Ni con el salario de ocho meses podríamos comprar suficiente pan para darle un pedazo a cada uno —respondió Felipe. [8] Otro de sus discípulos, Andrés, que era hermano de Simón Pedro, le dijo: [9] —Aquí hay un muchacho que tiene cinco panes de cebada y dos pescados, pero ¿qué es esto para tanta gente? [10] —Hagan que se sienten todos —ordenó Jesús. En ese lugar había mucha hierba. Así que se sentaron, y los varones adultos eran como cinco mil. [11] Jesús tomó entonces los panes, dio gracias y distribuyó a los que estaban sentados todo lo que quisieron. Lo mismo hizo con los pescados. [12] Una vez que quedaron

satisfechos, dijo a sus discípulos:—Recojan los pedazos que sobraron, para que no se desperdicie nada. [13] Así lo hicieron y, con los pedazos de los cinco panes de cebada que les sobraron a los que habían comido, llenaron doce canastas. [14] Al ver la señal que Jesús había realizado, la gente comenzó a decir: «En verdad este es el profeta, el que ha de venir al mundo.

En la historia de la alimentación de los cinco mil, una forma de sermón deductiva pudiera tener un esquema similar al de abajo. Comience con la propuesta principal. Para hacer el argumento, diremos que la idea principal del sermón es, *"Dios puede multiplicar nuestros recursos limitados para satisfacer las necesidades humanas."* El sermón comienza con la propuesta y desarrolla los componentes después de afirmar la idea principal por delante.

Muestra de esquema - Sermón deductivo
Introducción- Anuncie la propuesta principal: *Dios puede multiplicar nuestros recursos limitados para satisfacer las necesidades humanas.*

Punto clave 1: *Dios sabe que nuestros recursos son limitados.* Piense en lo que sucede en la historia. El niño pequeño en la historia sólo tiene cinco panes y dos peces

Punto clave 2: *Dios sabe que la necesidad humana es mayor que nuestra capacidad para cumplir con ella.* La necesidad es abrumadora: cinco mil personas simplemente contando los hombres. La brecha entre los recursos y la necesidad es demasiado grande para poder ser satisfecha por una sola persona.

Punto clave 3: *Dios no necesita una gran cantidad de recursos para lograr cosas sobrenaturales.* Jesús responde a la necesidad humana utilizando los limitados recursos proporcionados a él por el muchacho joven con cinco panes y los dos peces, y se lleva a cabo un milagro increíble como resultado.

Propuesta primaria (repetida): Dios puede multiplicar nuestros recursos limitados para satisfacer las necesidades humanas. Hacia el final del sermón, el predicador reafirma la propuesta principal que hizo al principio con el fin de ayudar a los oyentes a conservar la idea principal.

Este es sólo un ejemplo de como puede lucir un sermón deductivo. El punto principal se produce en el comienzo y los puntos posteriores articulan los aspectos de los puntos principales.

Algunos de los beneficios potenciales del enfoque deductivo incluyen la claridad, el orden, la repetición y la deducción lógica. Algunas de las limitaciones potenciales incluyen la previsibilidad, la ausencia de tensión, la falta de progresión, y la insensibilidad de género.

Forma de Sermón Inductiva

Un sermón inductivo retrasa la revelación de la idea principal hasta más tarde en el sermón y utiliza propuestas a lo largo del sermón para guiar al oyente hacia el punto principal. La diferencia con un sermón deductivo, se inicia con lo específico y se mueve a lo general. Robinson define un sermón inductivo como uno en que "la introducción conduce sólo al primer punto en el sermón, después, con transiciones fuertes cada punto nuevo se enlaza al punto anterior hasta que la idea del sermón emerge en la conclusión."[13] Una manera de pensar acerca de un sermón como éste sería imaginarse que está tomando a su oyente en un viaje de descubrimiento. Hay puntos de parada en el viaje, con giros y vueltas, y la idea principal es el destino final en el viaje.

Un sermón inductivo se puede estructurar en una variedad de maneras diferentes. Les presento varias posibilidades de cómo un predicador podría enmarcar un sermón inductivo:

---

13   Robinson, *Biblical Preaching*, 78.

- Una pregunta que necesita una respuesta - la idea principal es la respuesta a la pregunta
- Un problema que necesita una solución- la idea principal es la solución al problema
- Una historia que necesita un clímax o resolucion- la idea principal es la resolución del conflicto.
- Una herida que necesita ser reparada - la idea principal es la reparación de la herida

Todas estas son opciones viables para la elaboración de un sermón inductivo. En cada caso, la tensión y la ambigüedad vienen al comienzo del sermón y la resolución y claridad llegan al final del sermón.

Ahora, consideremos el mismo texto de la Escritura, Juan 6: 1-15, pero vamos a estructurarlo con una forma de sermón inductivo. La idea principal sigue siendo la misma: "Dios puede multiplicar nuestros recursos limitados para satisfacer las necesidades humanas."

Muestra de esquema - Sermón inductivo
Introducción: El predicador orienta al oyente al primer punto a través de una pregunta, un problema, una herida, o alguna otra situación que produzca tensión en el texto o en el mundo.

Punto Clave 1: *La tentación es creer que la necesidad que se ve es imposible de cumplir.* En Juan 6, Jesús ve a la multitud masiva que se le aproximaba, y le dice a Felipe: "¿Dónde vamos a comprar pan para que coma esta gente?" (Jn 6:5) Jesús ya sabía lo que iba a hacer, pero le hizo la pregunta para ponerlo a prueba. (6:6) Felipe le ofrece una respuesta humana típica. Él dice: "Ni con el salario de ocho meses podríamos comprar suficiente pan para darle un pedazo a cada uno" Todo lo que puede ver es una necesidad que es imposible de cumplir.

Punto clave 2: *Jesús no nos invita a enfocarnos en los recursos que no tenemos, sino en los recursos limitados que tenemos.* Los discípulos son tentados a mirar más allá de lo que esta en frente de ellos porque la necesidad parece imposible de cumplir.

Punto clave 3: *El hecho de que nuestros recursos son limitados, no significa que Dios no puede usarlos.* Cinco panes y dos peces parecen una cantidad limitada, pero en las manos de Dios, todo es posible. Una y otra vez en las Escrituras, Dios usa a gente común con recursos ordinarios y trabaja a través de ellos para lograr cosas extraordinarias. Piense en Eliseo y la viuda en la vasija de aceite en 2 Reyes 4 o David con un par de piedras y una honda en 1 Samuel 17. Estos recursos limitados no pueden limitar a Dios.

Idea principal: *Dios puede multiplicar nuestros recursos limitados para satisfacer las necesidades humanas.* Después de que Jesús instruye a los discípulos a decirle a la gente que se sentara, toma el pan, da gracias, y lo distribuye a todos los reunidos. Se hace lo mismo con el pescado. Él provee para las personas en abundancia, tanto así que cuando los discípulos van a recoger todo lo que sobró, doce cestas se encuentran llenas.

Observe que la idea principal se produce al final del sermón en lugar de al principio. Los puntos fundamentales orientan al oyente hacia la idea principal al final en vez de indicar la idea principal al principio, desarrollándola a través del sermón.

Algunos de los beneficios del enfoque inductivo incluyen: la tensión, el movimiento, la progresión, y el descubrimiento. Algunas de las posibles debilidades incluyen la falta de claridad, el desorden, desequilibrio, y la ambigüedad.

Forma de Sermón Semi-inductivo

Hay al menos dos formas posibles para predicar un sermón semi-inductivo. En la primera disposición, *el tema se nombra al frente y la función del sermón es completar el resto de la idea.*Vamos a llamar a esta disposición, "Tema Introducido - Idea Completada" Tal vez has oído sermones de este tipo en los cuales el tema se afirma al principio. Un predicador pudiera decir: "Hoy en día, me gustaría predicar sobre el tema, 'Vivir una vida del Reino.'" O, el predicador pudiera decir:

"Quiero adjuntar a este texto el título: 'Cómo representar a Dios en tiempos difíciles.'" Parece que el predicador ya nos ha dado el título del sermón, pero en realidad esto funciona más como el anuncio del tema del sermón. Oí un sermón una vez llamado, "Cómo prevenir la indigestión espiritual." El predicador declaró el tema desde el principio, quería dejar claro el tema del sermón, pero aún retuvo la idea principal del sermón hasta el final. Prediqué un sermón una vez llamado, "Los peligros del ministerio exitoso." Declaré el tema en la delantera. Entonces, hablé de cuales eran los peligros del ministerio exitoso. Después, revelé la idea principal del sermón al final. En ambos ejemplos, el tema se menciona al comienzo para dar una señal que indique a donde nos dirigimos en el sermón.

Esta es otra manera de pensar en esta forma. Un sermón semi-inductivo que indica el tema por frente puede ser comparado a entrar en un coche en el que se conoce el destino al que se dirige a sin saber cómo llegar hasta allí. Usted entra en el coche, yo le digo, "Hoy en día, voy a estar conduciendo hacia Miami, y tengo una sorpresa para usted cuando lleguemos allá." Pero, yo no te digo cómo vamos a llegar a Miami, donde vamos a ir cuando estemos en Miami, y yo no le digo mucho acerca de la sorpresa. Así es como funciona un sermón semi-inductivo. Usted sabe hacia dónde se dirige, pero el viaje será inductivo en lugar de deductivo. El predicador anuncia el destino final, pero no anuncia cómo va a llegar allí o lo que se espera al final del viaje.

En la segunda disposición, *el tema se introduce en el medio del sermón como una solución al problema* que se ha planteado al principio. Vamos a llamar a esta disposición, "problema-solución." En este tipo de sermón semi-inductivo, se identifica un problema, tal vez es personal o tal vez es ético. Desentierras las raíces y hablas sobre las diferentes maneras que tratamos de usar para resolver el problema sin éxito. Despues, le ofrecemos la solución bíblica. Cuando ofreces la respuesta bíblica al problema que fue planteado, también ofreces las razones por las cuales esta solución es la correcta o la mejor respuesta.

Otra analogía de conducir es útil para demostrar esta disposición. Está conduciendo por una ciudad y desea llegar a una rampa en la carretera para poder salir de la ciudad. Usted sabe dónde se encuentra así que decide probar una de las carreteras principales. El camino no funciona. Así que intenta otro camino principal. Este tampoco funciona. Por último, por fin encuentras el camino correcto. Ahora, usted tiene la libertad de dirigirse a la rampa y encontrar el camino al que quería ir con el fin de salir de la ciudad. Un sermón semi-inductivo con un esquema de problema-solución funciona de acuerdo a esta composición. El problema que discute no puede resolverse hasta lograr que el oyente llegue a la idea principal al final, la verdadera solución del problema.

He aquí una idea de cómo estos dos sistemas intermedios inductivos podrían desarrollarse en la historia de la alimentación de los cinco mil en Juan 6. A continuación se describen dos ejemplos:

Ejemplo de Esquema - Sermón semi-inductivo : Tema Introducido- Idea Completada

Idea principal parcial: Dios responde a la necesidad humana de manera milagrosa. Aquí, usted ha dicho algo cierto acerca de Dios en el sentido más general, pero no ha llegado a la idea principal. Se ahorra la idea principal para más adelante.

Punto clave 1: Cuando Jesús ve la necesidad humana, actúa. Andrés, hermano de Simón Pedro, señala que un niño pequeño con cinco panes y dos peces está de pie delante de ellos, pero luego dice (Jn 6: 9) "¿qué es esto (pan y pescado) para tanta gente?" Jesús le responde inmediatamente diciendo, "Hagan que se sienten todos."

Punto clave 2: Jesús realiza milagros extraordinarios en respuesta a las necesidades humanas. Jesús toma los cinco panes y los dos peces y los multiplica. Él hace algo sobrenatural y extraordinario cuando se enfrentan a la necesidad humana.

Idea principal: Dios puede multiplicar nuestros recursos limitados con el fin de satisfacer las necesidades humanas. Los dos primeros puntos establecieron la idea principal, pero la idea principal también se lleva a un paso más para poder involucrarnos. En respuesta a la necesidad humana, Jesús actúa y hace milagros extraordinarios, pero de manera que hace cada una de estas cosas también nos usa a *nosotros* y a nuestros limitados recursos humanos.

Punto clave 3: Dios elige <u>utilizarnos</u> en todas nuestras limitaciones para hacer su extraordinario trabajo en el mundo. El punto final funciona más como una aplicación de la idea principal. Se recuerda a los oyentes que mientras Dios hace un trabajo extraordinario en el mundo, Dios a menudo logra el trabajo usando los limitados recursos que tenemos.

Ejemplo de Esquema 2 - Sermón semi-inductivo : Problema-Solución

Introducción: Hable sobre el problema que se va a plantear y complíquelo de alguna manera. Tal vez el problema de un sermón como éste sería el siguiente: La cantidad de la necesidad humana en el mundo es superior a nuestra capacidad para satisfacerla. El resto de la introducción se centraría en la inmensidad de la necesidad y nuestra falta de poder para satisfacer la misma.

Punto clave 1: Jesús no elige la inacción cuando se enfrenta a la necesidad humana. En una de las versiones de esta historia, los discípulos quieren despedir a la multitud. Le dicen a Jesús: "Este es un lugar apartado y ya se hace tarde. Despide a la gente, para que vayan a los pueblos y se compren algo de comer."(Mat. 14:15) En esta versión de la historia al igual que en la versión de Juan 6, Jesús no opta por ignorar las necesidades que se encuentran frente a El.

Punto clave 2: Jesús no usa una varita mágica para satisfacer las necesidades humanas. Se relaciona con Felipe y con Andrés con el fin de avanzar hacia la solución del problema. Por supuesto, también

involucra a un niño pequeño que no trajo nada más que su almuerzo con
él. Además, utiliza los recursos que están a su disposición: cinco panes
y dos peces.

*Idea principal: Dios puede multiplicar nuestros recursos limitados
para satisfacer las necesidades humanas.* Si Jesús no elige acción y
no elige una varita mágica, ¿qué es lo que hace? La idea principal es la
solución al problema planteado al principio. ¿Cómo responde Jesús a la
necesidad humana? Él multiplica nuestros recursos limitados.

*Punto clave 3: El predicador nombra ejemplos concretos de Dios
haciendo este tipo de trabajo y las formas concretas en que podemos
ser usados por Dios con los recursos limitados que tenemos.* Dios
puede usar los dones espirituales de esta manera, diezmos y ofrendas, el
testimonio de una persona fiel. Dios puede usar los recursos que parecen
pequeños y ordinarios con el fin de lograr un cambio real en el mundo.

Para obtener una representación visual de estas dos posibilidades
del enfoque semi-inductivo, observe el diagrama de Robinson al
comienzo de esta sección.

El enfoque semi-inductivo trata de incorporar los puntos fuertes
de los enfoques deductivos e inductivos. Algunos de los beneficios
potenciales del enfoque semi-inductivo incluye: un equilibrio entre la
ambigüedad y la claridad, la progresión y el sostenimiento de tensión.
Algunas de las posibles debilidades incluyen la posibilidad de confusión,
falta de concentración, y el desequilibrio en la progresión.

Paso 2: Diseñe el Sermón

El paso final es *diseñar* el sermón. En gran parte, los tres
primeros pasos asientan las bases para lo que ocurre en el paso final. Las
formas de sermones fuertes son conscientes con el género, movimiento
y la estructura del texto. Sensibilidad al género ayuda al predicador a
determinar lo que el texto está diciendo *y* lo que el texto está haciendo
con lo que está diciendo. Estar consciente del movimiento le permite al

predicador descubrir la trama de una narración, la progresión en la poesía, o la lógica en un argumento, por ejemplo. Tener consciencia estructural ayuda al predicador a desarrollar una estructura (por ejemplo, deductiva, inductiva, o semi-inductiva) que le hace justicia al texto y justicia a la comunidad que lo escucha al mismo tiempo. Estas tres medidas llevan a un predicador lejos, pero simplemente no lo suficiente. Un predicador aún debe *diseñar* una forma de sermón que sea reconocible por los demás. El trabajo de un buen predicador es diseñar una buena forma de sermón con una forma clara y reconocible.

¿Se recuerda de la analogía de la piel y los huesos? Aquí hay tres recomendaciones para sermones con "huesos fuertes," es decir, para sermones con una forma que le servirán tanto a usted como a los que lo escuchan. Estas le ayudarán al sermón independientemente del género del texto, el movimiento en el pasaje, o la elección de la estructura. En otras palabras, toda buena forma sermonaria tiene al menos estas tres características. La primera recomendación es diseñar un sermón con una idea principal clara y memorable. Profesores de homilética usan diferentes palabras para describir la idea principal de un sermón: el enfoque, la gran idea, la propuesta, pensamiento de control, pero la diferente terminología representa variaciones sobre el mismo tema. Casi todos los profesores están de acuerdo: un sermón tiene que tener un punto principal claro y memorable. Samuel Vila lo llama, "el tema del sermón." Él escribe:

> Antes de proceder a la preparación de un sermón, todo predicador debe responderse esta sencilla pregunta: ¿De que voy a hablar? Mientras el predicador no pueda contestar claramente tal pregunta, no debe seguir adelante. Ha de tener un tema y debe saber con precisión

cuál es. Sólo puede estar seguro de que lo sabe cuando
pueda expresarlos en palabras.[14]

Si usted pudiera indicar el punto principal de su sermón en una sola
frase, ¿cuál sería la frase? Si usted podría decirle a sus oyentes una cosa,
¿cuál sería la única cosa? Los predicadores deben tener claridad sobre la
idea principal de su sermón. Si el punto no está claro para usted mismo,
con toda seguridad, no estará claro para aquellos que lo escuchen. Como
dice el refrán, "Una niebla en el púlpito es una niebla en el banco."

Para trabajar hacia una idea principal en el sermón, enfoquese en
la claridad y en que sea memorable. Una idea principal clara transmite
lo que el predicador cree que es el punto principal del texto bíblico, pero
se comunica en un lenguaje que sea accesible a los oyentes modernos.
Las ideas principales claras no son excesivamente abstractas, muy
largas, u obtusas. Por lo tanto, elimine palabras extrañas. Reemplace
verbos pasivos con verbos activos. Tenga cuidado con el uso de palabras
complicadas. Asegurese que la frase sea lo suficientemente corta para
que alguien la pueda escribir o repetir de nuevo a usted. Yo le digo a
mis alumnos que editen su idea principal a *doce* palabras o menos. Para
crear una idea principal más fácil de memorizar, escuche cómo suena.
Dígala en voz alta. ¿Puede hacer la frase más concreta? ¿Puede utilizar
alguna imagen? ¿Puede utilizar recursos retóricos como la repetición, el
contraste, la aliteración, o la asonancia? ¿Será alguien que escucha su
sermón ser capaz de recordar el punto principal esa misma tarde en el
mismo día? ¿Porque sí o no? Si la idea es demasiado larga, la gente se le
olvidará. Si la idea es demasiado corta, puede ser memorable, pero algo
está mal con ella si se podría aplicar la misma frase a muchos textos
diferentes de la Escritura. Tómese su tiempo cuando esté tratando de

---

14   Samuel Vila, *Manual de Homilética* (Barcelona, Spain: Editorial Clie,
1984), 13.

elaborar una idea principal clara y memorable. La elaboración de una buena idea principal es como tallar un trozo de madera. Se necesita mucho tiempo para tallar una forma hermosa.

En segundo lugar, diseñe al sermón con una introducción interesante. No todo predicador hace esto, pero muchos predicadores (yo incluido) deciden escribir la introducción hacia el final de su proceso de preparación. La mayor parte del tiempo hacen esto porque quieren saber lo que están introduciendo primero antes de escribir una introducción y porque creen que la introducción será más interesante después de que las otras piezas ya estén en su lugar. Independientemente de *cuando* uno decida escribirla, una buena introducción de sermón incluirá al menos tres características: llama la atención, aumenta la necesidad, y orienta a los oyentes al texto.[15] Otras características como el aumento y la construcción de la tensión, el establecimiento de la relación entre ellas, y la creación de algún nivel de ambigüedad también pueden ayudar a una introducción. Sin embargo, las tres que mencioné al principio son las que mayor diferencia producen en los sermones.

Llamar la atención no significa entretener, contar chistes, o ser dramático. En cambio, significa involucrar a sus oyentes de alguna manera: atraerlos, despertar su interés, hacer preguntas, convocarlos a participar ya sea a través de una anécdota personal, una cita, una estadáistica, una pregunta, o tal vez una historia sobre la historia. En una introducción, escribe Osvaldo Mottesi, el trabajo del predicador es "ganar la buena voluntad, interés, y atención de la congregación hacia el predicador y su sermón."[16] *Elevar la necesidad* significa involucrar a los oyentes para que vean que lo que es importante en el texto también

---

15   Estas tres marcas de una introducción efectiva aparecen en Robinson, *Biblical Preaching*, 120–25.
16   Mottesi, *Predicación Y Misión*, 203.

es importante para sus vidas. ¿Por qué *necesitan* seguir escuchando? El pasaje no es sólo un texto antiguo que le importaba a una comunidad antigua; También es un pasaje que nos debe importar a una comunidad moderna y para los individuos dentro de esa comunidad. ¿Qué tiene que ver el texto con esta comunidad en este momento, y por qué es importante? ¿Cómo están implicados los oyentes de este mensaje? *Orientar al texto* significa proporcionar fuertes transiciones entre la introducción y el cuerpo del sermón. Ayude a los oyentes entender por qué *esta* introducción tiene mucho sentido a la luz de *este* texto particular de la Escritura. Demasiadas introducciones están dislocadas y desconectadas del cuerpo del sermón. Los predicadores podrían contar historias interesantes u ofrecer observaciones interesantes, pero si éstas no se conectan al pasaje de la Escritura en el sermón, pueden perder a los oyentes después de la introducción. Piense en la introducción como una vía de acceso a una autopista. Los predicadores deben ayudar a los oyentes a ir desde la calle de la introducción a la carretera del texto, y orientándolos hacia el texto es la vía de acceso.

La cantidad de contenido cubierto en la introducción depende de la estructura del sermón. Si se decide por una estructura de sermón deductiva, la idea principal será indicada en la introducción. Si se opta por una estructura inductiva, la introducción orientará a los oyentes a su primer movimiento o punto, pero no divulgará la idea principal hasta más tarde en el sermón. Si elige un sermón semi-inductivo, se expondrá la cuestión del sermón al principio, pero no la idea principal.

En tercer y último lugar, el diseño de un sermón con una *conclusión contundente*. Para continuar con la metáfora del viaje, véalo de esta manera: su trabajo como predicador es ayudar a sus oyentes a llegar a un destino claro, definitivo, e incluso declarativo. Mottesi lo pone de esta manera: "Alguien dijo que la conclusión de un sermón debiera ser como la entrada de un navío a puerto, con todas las velas o banderas desplegadas, todas las luces encendidas y haciendo sonar las sirenas, en ese momento culminante de su arribo."[17] Usted no quiere que sus oyentes lleguen confundidos, agotados, o enojados. Usted tampoco desea perderlos en su camino hacia allá, o dejar de ayudarles a llegar con usted al destino. Usted quiere que lleguen con claridad e incluso con un sentido de maravilla en el destino.

Una buena conclusión le da al predicador una oportunidad para resumir, repetir, inspirar y desafiar. Aunque puede ser difícil de lograr todas estas cosas en cada sermón, trabaje en cumplir los siguientes objetivos cuando concluya un mensaje: 1) resuma los puntos principales del sermón, 2) lleve a casa la idea principal a través de la repetición y la reafirmación, 3) invite a la gente a aplicar las verdades del texto, y 4) ayude a los oyentes a adorar a Dios (ya que comúnmente nos olvidamos que la predicación ocurre en el contexto de un servicio de culto). Una buena conclusión, Robinson escribe, "le da a la congregación una vista de la idea, entera y completa. Con ella, lleva al concepto central hacia un foco ardiente y brinda su verdad en las mentes y vidas de los oyentes."[18] En otras palabras, lleva a sus oyentes al destino con claridad, contundencia y convicción.

Conclusión

Sin huesos, la carne de un sermón no puede tomar forma para que sea accesible a los oyentes. Una estructura con un esqueleto fuerte *en* el sermón ayuda a sus oyentes a reconocer (y apreciar) la carne *del* sermón.

---

17   Mottesi, 213–14.
18   Robinson, *Biblical Preaching*, 133.

Pero, la forma de un sermón también beneficia más que la estructura. Asiste al género, al movimiento, y al diseño. Si embarcamos el tema con seriedad, nuestra predicación requerirá más que sólo tener la capacidad de crear contenido y construir argumentos (los cuales son necesarios e importantes para un sermón). También requerirá una capacidad para formar y moldear el contenido así como un escultor moldea su escultura. El proceso de cuatro pasos que se describe en este capítulo y el anterior: - 1. Determine el género, 2. Descubra el movimiento, 3. Desarrolle la estructura, y, 4. Diseñe el sermón - enaltece la sensibilidad de forma en la predicación y demuestra que es una tarea compleja y exigente que requiere el enfoque, la flexibilidad, la creatividad y el compromiso del predicador. Sin embargo, así como en la mayoría de las situaciones en nuestra vida, las tareas más exigentes son generalmente las más gratificantes.

Bibliografía

Arrastía, Cecilio
    1992   *Teoría y Práctica de La Predicación*. Miami, FL: Editorial Caribe.

Copenhaver, Martin B.
    2014   *Jesus Is the Question: The 307 Questions Jesus Asked and the 3 He Answered*. Nashville, TN: Abingdon Press.

Flemming, Dean E.
    2005   *Contextualization in the New Testament: Patterns for Theology and Mission*. Downers Grove, IL: InterVarsity Press.

Long, Thomas G.
    1995   "Form." In *Concise Encyclopedia of Preaching*, edited by William H. Willimon and Richard Lischer. Louisville, KY: Westminster John Knox Press.

Mottesi, Osvaldo Luis
    1989   *Predicación y Misión: Una Perspectiva Pastoral: Un Texto Didactico Sobre La Predicación Pastoral*. Miami, FL: LOGOI, Inc.

Patterson, Orlando
    1982   *Slavery and Social Death: A Comparative Study*. Cambridge, MA: Harvard University Press.

Robinson, Haddon W.
    2014   *Biblical Preaching: The Development and Delivery of Expository Messages*. Grand Rapids, MI: Baker Academic.

Scharf, Greg R.
    2015   *Let the Earth Hear His Voice : Strategies for Overcoming Bottlenecks in Preaching God's Word*. Phillipsburg, NJ: P&R Publishing.

St. Augustine
    2008   *On Christian Teaching.* New York, NY: Oxford University Press.

Vila, Samuel
    1984   *Manual de Homilética.* Barcelona, Spain: Editorial Clie.

Capítulo 6

LA ENTREGA O PRESENTACIÓN DEL SERMÓN

Alma T. Ruiz

Después de escuchar la predicación de cinco de sus compañeros, tres mujeres y dos hombres, uno de los estudiantes de la clase de predicación dijo: "Creo que a todas las predicaciones de hoy les hizo falta pasión. Los predicadores necesitan hablar fuerte. Cuando Jesús predicaba, más de 5,000 personas podían escuchar su voz. Debemos predicar igual de fuerte que Jesús predicó. También, para poder proclamar la palabra de Dios con pasión, los predicadores deben moverse del púlpito. Yo no vi ninguna de estas dos cosas en ninguno de los predicadores de hoy". Respondiendo a este comentario, una de las mujeres que predicó dijo: "Aún si quisiera hablar fuerte como usted sugiere, yo no podría porque mi tono de voz es muy suave y no puedo imitar a predicadores que predican con un tono de voz tan fuerte". Otra mujer de la clase respondió: "Yo fui bendecida con la diversidad reflejada en las predicaciones que escuché hoy. Aunque sus estilos de predicación son muy diferentes, Dios habló a mi vida de una manera poderosa a través de sus sermones. Me voy de este lugar hoy meditando en cada uno de los mensajes que ustedes compartieron."[1]

Es importante entender que la meta de las clases de predicación no es forzar a los estudiantes a predicar de acuerdo a un estilo específico de predicación, pero más bien ayudar a los estudiantes a descubrir su propio estilo y mejorarlo. Dios ha dado a cada persona diferentes talentos, y cuando Dios nos llama a predicar, Dios quiere que usemos esos talentos para proclamar la palabra de Dios. Después de identificar estos talentos, uno entonces los puede pulir y sacar lo máximo de ellos. Tal como declara Richard Ward, una autoridad en homilética: "Al desarrollar concientización de tu imagen personal en la oratoria, tu propósito es convertirte en la mejor versión de ti mismo, descubriendo

---

1   Comparto estos comentarios con el permiso de los estudiantes involucrados.

y aprovechando fortalezas ocultas en tu estilo de predicación".[2] En lugar de estar preocupados por imitar cierto estilo de predicación, los predicadores deben preocuparse por identificar y usar todos los recursos de su propia personalidad para comunicar efectivamente el mensaje de Dios.[3] Como dice James Crane:

> No se trata de que el predicador sea un gritón que golpee el púlpito y camine agitadamente de un lado de la plataforma a otro. La energía del sol es silenciosa, pero no por eso deja de producir efectos que ninguna otra potencia puede efectuar. La energía espiritual que debe caracterizar a la predicación cristiana es precisamente aquel poder que penetra el alma y la hace volverse de su pecado a un Dios perdonador.[4]

Muchos predicadores no predican con voz alta y fuerte, ni caminan alrededor del altar cuando predican, pero aun así predican con pasión—ellos comunican en su predicación amor por Dios y el pueblo de Dios, fidelidad al texto, fidelidad al contexto, fidelidad a la comunidad de oyentes, convicción, humildad, integridad, autenticidad, sinceridad y naturalidad. Por esta razón, el efecto del sermón en la comunidad de oyentes no debe ser determinado solamente por lo que sucede durante el momento de la predicación, pero también por lo que sucede antes y después del momento de la predicación. Por lo tanto, en este capítulo, busco demostrar que para que el sermón tenga un efecto en la vida de los oyentes, la predicadora o el predicador necesita pensar seriamente

---

2   Richard F. Ward, *Speaking from the Heart: Preaching with Passion*, (Eugene: Wipf and Stock, 1989), 47. (Mi traducción)
3   Ibid., 56.
4   Orlando Costas, *Comunicación por Medio de la Predicación: Manual de Homilética,* (Miami: Editorial Caribe, 1989), 190.

en las necesidades de los oyentes y sus circunstancias particulares, desde el momento en que el sermón recibe aliento de vida hasta que vive en sus corazones y mentes. Para demostrarlo, analizaré el papel que el Espíritu, el predicador y la comunidad de oyentes juegan en la vida del sermón antes, durante, y después del momento de predicación.

La Vida del Sermón

Algunas congregaciones tienden a juzgar a los predicadores como buenos o malos predicadores por la manera en que entregan el sermón durante el momento de la predicación. Sin embargo, la vida del sermón es más extensa que el momento de la predicación. El sermón tiene vida en sí mismo antes, durante, e incluso después del momento de la predicación. De la misma manera en que un bebé recibe aliento de vida de parte de Dios desde la concepción (Génesis 2:7), el sermón también recibe aliento de vida desde el momento en que el predicador, en fidelidad a Dios, medita en la Escritura en preparación para el sermón. También, así como la carne es inútil sin la vida que el Espíritu le da (Juan 6:63ª), las palabras del sermón sin el aliento de vida de Dios son inútiles. Un sermón puede ser entregado apasionadamente, pero si no tiene espíritu y vida (Juan 6:63b), se convierte en palabras muertas para los oídos de los oyentes. Como la excelente predicadora Jerusha Neal diría, de la misma manera en que María dio a luz al Verbo que se hizo carne para la salvación del mundo, el predicador "da a luz" la palabra empoderada por el Espíritu para la salvación y transformación de los oyentes.[5]

---

5   Jerusha Neal, Lecture, 10/11/2017.

La Vida del Sermón Antes del Momento de la Predicación

Uno de los textos bíblicos que a los predicadores les fascina usar en sus sermones es Corintios 12:12-26:

> De hecho, aunque el cuerpo es uno solo, tiene muchos miembros, y todos los miembros, no obstante ser muchos, forman un solo cuerpo. Así sucede con Cristo. Todos fuimos bautizados por un solo Espíritu para constituir un solo cuerpo… Si uno de los miembros sufre, los demás comparten su sufrimiento; y, si uno de ellos recibe honor, los demás se alegran con él.

Sin embargo, la mayoría del tiempo, los predicadores fallan en reconocer, nombrar, y validar el sufrimiento de muchos de los miembros del cuerpo. Una manera de evitar esto es teniendo en mente, cuando se esté preparando el sermón, a los miembros del cuerpo y las diferentes experiencias y sufrimientos que ellos puedan haber experimentado o estén experimentando.

Algunos teólogos en homilética han dicho que los predicadores no pueden compartir un mensaje que ellos no hayan recibido primero. Por ejemplo, Orlando Costas dice:

> Si el mensaje ha de tener verdadero efecto, hablará primero al mensajero: lo confrontará con la realidad de su vida, lo redargüirá o lo edificará, lo llamará al arrepentimiento, o lo hará acercarse más a Dios. De todos modos, es menester que el sermón que se ha de predicar, lleve antes al predicador a los pies del Señor; de lo contrario predicará algo que no ha experimentado. Porque como he dicho, la predicación es preeminentemente un testimonio, no sólo de lo que Dios ha hecho en el mundo y en la vida de muchos, sino especialmente en la vida del predicador. La exhortación en la predicación viene como resultado de ese testimonio y de esa experiencia.[6]

---

6   Costas, 170.

Sin embargo, enfocarse solamente en lo que el texto habla a la vida de la predicadora o predicador limita significativamente el alcance del sermón, porque no hay ningún predicador o predicadora que haya experimentado, en toda su vida, todo lo que cada miembro de su congregación haya experimentado. Por esta razón, si la exhortación del sermón viene únicamente como resultado del testimonio y experiencia de la predicadora o predicador, como Costas lo sugiere, hay un riesgo de que la predicación sea miope. Por tal motivo, si el mensaje ha de tener verdadero efecto, hablará no solamente al mensajero, pero también a los oyentes.

Consecuentemente, la predicación es un evento comunal, no solamente porque la gente se reúne para escuchar el sermón[7], pero también porque los predicadores deben traer con ellos a la congregación al leer las Escrituras en preparación para el sermón. Como mencioné anteriormente, si la predicadora o el predicador tiene en mente a la comunidad de oyentes y sus necesidades cuando lee y estudia el texto, el texto hablará no sólo a la vida de la predicadora, pero también a las necesidades de los oyentes. Por esta razón, la predicadora o el predicador necesita conocer, y más importante aún, entender su audiencia. Los predicadores necesitan entender lo que la congregación necesita escuchar, para que el mensaje ofrecido en verdad responda a las necesidades de los oyentes.[8] El Comité Católico de Obispos de la Vida Sacerdotal y Ministerial reflexiona sobre el papel del sacerdote como predicador en el manual de predicación titulado: *Fulfilled in Your Hearing.* En este manual, ellos afirman que el predicador es un

---

7   Jana Childers, *Performing the Word: Preaching as Theatre*, (Nashville: Abingdon Press, 1998), 20.
8   Bishops Committee on Priestly Life and Ministry, *Fulfill in Your Hearing*, (Washington: United States Conference of Catholic Bishops, 1979), 4.

mediador que representa a ambos, a la comunidad y al Señor[9]. Los obispos dicen: "El predicador representa la comunidad vocalizando sus preocupaciones, nombrando sus demonios, y de esta manera la empodera para adquirir un mejor entendimiento y control del mal que la aflige. Él representa al Señor ofreciendo a la comunidad otra palabra, una palabra de sanidad y perdón, de aceptación y amor."[10] En otras palabras, el predicador representa al Señor ofreciendo a la congregación una palabra verdaderamente significativa. Como Ward afirma: "El proceso de convertirse en un orador con credibilidad empieza con observar y escuchar: las profundas interioridades de uno mismo, el coro de voces representadas en el texto, y el clamor de la comunidad."[11] Por lo tanto, al leer y estudiar las Escrituras la predicadora debe permitir que el coro de voces representadas en el texto hable no sólo a sus necesidades, pero también a las necesidades de la comunidad.

Imagínense un predicador terminando su sermón sobre Efesios 6:1-4 ("Hijos, obedezcan en el Señor a sus padres, porque esto es justo. «Honra a tu padre y a tu madre —que es el primer mandamiento con promesa…") diciendo: "Nuestros padres siempre tienen la razón. Ellos siempre saben lo que es mejor para nosotros. Por eso nosotros debemos siempre obedecer a nuestros padres". Tal vez esta persona tuvo la bendición de tener padres que hicieron lo que era mejor para ella, pero tristemente, esa no es la experiencia de todas las personas. De acuerdo con las Estadísticas Nacionales del Abuso de Menores: "Aproximadamente 700,000 niños[as] son abusados en los Estados Unidos anualmente…De los niños[as] que experimentaron maltrato o abuso, 75% sufrió negligencia, 17.2% sufrió abuso físico; y 8.4% sufrió

---

9   Ibid., 7.
10   Ibid.
11   Ward, 27.

abuso sexual...Cerca de 4 de 5 abusadores fueron los padres de las víctimas. Uno de los padres de la víctima fue el perpetrador en el 78.1% de los casos substanciales de maltrato infantil".[12] Realidades como esta no pueden ser ignoradas en el púlpito. Por consiguiente, la predicadora o el predicador necesita escuchar este tipo de textos no solamente desde su perspectiva, pero también desde la perspectiva de las víctimas de abuso infligido por sus propios padres.[13] Ahora imaginen que uno de estos niños[as] está escuchando este sermón, lo cual es altamente probable dado las estadísticas. ¿Qué pensaría y sentiría este niño o niña al escuchar las declaraciones finales del predicador? Tal vez pensaría: "Este predicador está equivocado. Lo que mis padres hacen conmigo no está bien". O, "El predicador tiene razón. Él sabe más que yo porque él es el mensajero de Dios. Tengo que obedecer a mis padres, y hacer lo que ellos me dicen, aunque me lastimen". O, "Es mi culpa. Ellos me lastiman porque yo no los obedezco". O, "No puedo decirle a mi pastor lo que mis padres me hacen porque él no me creerá. Él me dirá que mis padres saben lo que más me conviene y que tengo que obedecerlos". Por consiguiente, como dice la teóloga Nancy J. Ramsey: "La predicación efectiva necesita reconocer que no hemos nacido en el Paraíso del Edén, pero más bien en medio del sufrimiento". [14] De hecho, al no reconocer y nombrar el sufrimiento y la violencia que muchas personas experimentan, la iglesia se convierte en cómplice del abuso de poder y la

---

12   National Children's Alliance: Empowering Local Communities to Serve Child Victims of Abuse. http://www.nationalchildrensalliance.org/media-room/media-kit/national-statistics-child-abuse

13   John McClure, "Preaching About Sexual and Domestic Violence," in *Telling the Truth: Preaching About Sexual and Domestic Violence,* eds. John S. McClure and Nancy J. Ramsay, (Cleveland: United Church Press, 1998), 116.

14   Ibid., 60. (Mi traducción).

invisibilización de las víctimas.[15] Las víctimas de abuso necesitan saber que "el santuario (incluyendo el sermón) es un 'lugar seguro' donde los miembros del pueblo de Dios pueden escucharse y sostenerse"[16] unos a otros en su sufrimiento. Adicionalmente, al reconocer y abordar la realidad del sufrimiento y los traumas que persiguen a muchos de los miembros de sus congregaciones, los predicadores están en una mejor posición para ofrecer una palabra de esperanza.[17]

Por lo tanto, los predicadores deben leer el texto con empatía por la gente que pueda tener diferentes experiencias de vida a la de ellos. Después de todo, como la teóloga y consejera Susan Dunlap suele decir, "Empatía requiere un acto de la imaginación."[18] Empatía es procesar cognitivamente lo que se escucha y lo que se aprende de las circunstancias de otras personas e imaginarse y sentir lo que está sucediendo en la otra persona. Mejor dicho, empatía es un acto de construcción imaginativa de lo que está pasando dentro de otra persona.[19] Por ende, los predicadores no necesitan haber experimentado las mismas luchas que los miembros de la comunidad de oyentes puedan estar experimentando para entender su sufrimiento, y, por lo menos por un momento, compartir su dolor. Por ejemplo, una predicadora o predicador que nunca ha sufrido depresión puede empatizar con una persona que está sufriendo de depresión escuchando atentamente sobre su lucha, leyendo libros y artículos sobre depresión, y leyendo biografías sobre personas que han sufrido de depresión. Por esta razón, los predicadores necesitan estar bien informados de las diferentes circunstancias que los miembros de su

---

15   Ibid.
16   McClure, 115. (Mi traducción).
17   Serene Jones, *Trauma and Grace: Theology in a Ruptured World*, (Louis-ville: Westminster John Knox Press, 2009), xi.
18   Susan Dunlap, Lecture, 10/20/2017.
19   Ibid.

audiencia puedan estar experimentando—la educación es esencial. Es por eso por lo que la predicadora o el predicador necesita ser un buen observador y oyente antes de ser un buen orador.

Para que las Escrituras se conviertan en palabra de vida para los predicadores y la comunidad de oyentes, los predicadores necesitan escuchar los textos en una postura de oración y meditación, haciéndose las siguientes preguntas: "¿Cuál es la situación humana que estos textos originalmente abordaron? ¿A qué preocupaciones y preguntas humanas probablemente estos textos han hablado a través de la historia de la Iglesia? ¿Cómo pueden [estos textos] ayudarnos a entender e interpretar nuestras vidas de tal manera que podamos volvernos a Dios en alabanza y acción de gracias?"[20] En otras palabras, como dice el Arzobispo Oscar Romero, el predicador necesita hacer un esfuerzo para aplicar el mensaje eterno de Dios, la Palabra que es luz, poder, conforte y consuelo, a las personas en sus circunstancias concretas.[21] Después de todo, como la teóloga Serene Jones afirma, la labor de la predicadora o predicador es invitar a las personas a sumergirse en las historias bíblicas, las cuales, si son proclamadas con pasión y sabiduría, les proveerán marcos de referencia.[22] Esto es especialmente esencial para poder proveer cuidado pastoral para personas que sufren de algún tipo de trauma. Jones declara: "Ayudar a personas de fe a encontrar una historia de compasión y gracia en las historias del evangelio de Dios, una historia capaz de darle una forma manejable a sus muchos dolores y amarguras, es central para el pastor en su rol de consejero y guía para los afligidos y los que están en una postura de búsqueda".[23]

20   Jones, 21. (Mi traducción).
21   Oscar Romero, "The Homily, Living Presence of God's Word," *The Archbishop Oscar Romero Trust*. http://www.romerotrust.org.uk.
22   Jones, 90.
23   Ibid. (Mi traducción).

Dado que la predicadora o el predicador es un representante de ambos, las Escrituras y la comunidad de los oyentes, el predicador necesita escuchar cuidadosamente a ambos y preguntarse: "¿Qué se están diciendo el uno al otro? ¿Qué se están preguntando el uno al otro?"[24] Los obispos afirman: "El escuchar no es un momento aislado. Es un estilo de vida. Significa estar abiertos a la voz del Señor no solamente en las Escrituras, pero también en los eventos de la vida cotidiana y en la experiencia de nuestros hermanos y hermanas. No es sólo *mi* escuchar pero *nuestro* escuchar juntos la palabra del Señor para la comunidad".[25] Consecuentemente, para obtener una interpretación acertada y relevante de las Escrituras, el predicador necesita especializarse en exégesis bíblica y ser competente teológicamente y pastoralmente, así como tener un entendimiento claro de las fuerzas sociales, políticas, y económicas que influyen la sociedad actual.[26]

Un ejemplo de esto lo encontramos en la homilía que el Arzobispo Oscar Romero predicó desde la Catedral de San Salvador el 16 de Julio de 1978. En esta homilía Romero lee Romanos 8:18-23 teniendo en mente el dolor que muchas personas en El Salvador estaban experimentando en ese momento.

Es la segunda lectura de San Pablo que nos habla de la cosecha. Esta semilla tiene que producir una cosecha. San Pablo nos habla de la glorificación que un día se nos dará, que es superior a todos los dolores y sufrimientos que se puedan tener en esta tierra. Yo oí en estos días esta frase de San Pablo, pero traducida al sufrimiento de un tortura-do que lo tuvieron amarrado tres días de los dedos y mientras sufría, decía: "Son mayores las esperanzas y la gloria que espero que este

---

24   Catholic Bishops, 10.
25   Ibid. (Mi traducción).
26   Ibid., 14.

sufrimiento". Ánimo, queridos perseguidos; ánimo, torturados; ánimo, todos aquellos que esperan una patria mejor y no ven horizontes. Los sufrimientos son condición de la redención que no se ganó sino con un Cristo clavado en una cruz, pero después vino la resurrección. Y en el corazón de Cristo nunca se apagó la certidumbre de que el mundo iba a ser redimido a pesar de su fracaso aparente. No fracasamos, los cristianos, porque llevamos el Espíritu que resucitó a Cristo. [27]

Al reconocer y nombrar el sufrimiento y persecución que la gente está experimentando, Romero también está desenmascarando los poderes que insisten en oprimir a la pobre gente de El Salvador. El reconocido predicador y escritor Charles Campbell dice, "De la misma manera como Jesús expuso los poderes e inauguró la nueva creación a través de su vida, muerte, y resurrección, la predicación busca exponer los poderes de muerte que están obrando en el mundo y visualizar la nueva creación de Dios." [28] Al nombrar los poderes y sus acciones, el predicador o la predicadora revela la realidad de los poderes y otorga poder a sus víctimas para resistirlos. Sin embargo, para desenmascarar los poderes, el predicador necesita aprender sobre el trabajo de los poderes y el dolor que infligen a las personas.

A continuación, compartiré algunas prácticas que pueden servir a la predicadora o el predicador a escuchar atentamente al texto y a las necesidades de la comunidad de los oyentes:

---

27   Oscar Romero, "Sowing the Word of the Kingdom," *The Archbishop Oscar Romero Trust.*
http://www.romerotrust.org.uk
28   Charles Campbell, *The Word Before the Powers an Ethic of Preaching,* (Louisville: Westminster John Knox Press, 2002), 104. (Mi traducción)

Lectura del Texto en Voz Alta

Imprima el texto o, como la reconocida teóloga y predicadora Anna Carter Florence sugiere, escríbalo a mano.[29] Escribir el texto a mano le permite a la predicadora o predicador pausar y realmente *ver, notar,* y *escuchar* el texto.[30] Después de esto, lentamente y meditativamente lea el texto en voz alta. Al hacerlo, subraye palabras y frases que llamaron su atención y provocaron comodidad o incomodidad en usted.[31] Tome tiempo para reflexionar sobre los sentimientos que las palabras o frases provocaron en usted y pregúntese por qué.

Lectura del Texto en Compañía de Otros

Dónde y con quién la predicadora o el predicador lee las Escrituras tiene una tremenda influencia sobre como ella o él escucha la palabra de Dios.[32] Si los predicadores quieren aprender a escuchar los textos bíblicos desde la perspectiva de otras personas, será de ayuda si ellos leen los textos bíblicos en diferentes lugares (hospitales, paradas de autobuses, cementerios, albergues para indigentes, etc.) y con diferentes personas. Por ejemplo, si una predicadora va a predicar de Efesios 6:1-4, ella podría reunirse con un grupo de 4 o 5 personas, que han sufrido abuso o abandono por parte de sus padres, para leer el texto juntos y conversar sobre su entendimiento del texto.[33]

---

29   Anna Carter Florence, *Preaching as Testimony,* (Louisville: Westminster John Knox Press, 2007), 139.
30   Ibid.
31   Sally A. Brown and Luke A. Powery, *Ways of the Word: Learning to Preach for Your Time and Place*, (Minneapolis: Fortress Press, 2016), 131.
32   McClure, 117.
33   Ibid.

La Vida del Sermón Durante el Momento de la Predicación

Cuando el predicador tiene un conocimiento completo del material—cuando ha escuchado cuidadosamente a ambos, las Escrituras y la comunidad de oyentes—esto se verá reflejado en el uso de su voz y cuerpo.[34] De acuerdo a San Agustín: "Si [el predicador] desea deleitar o persuadir al que le escucha, no lo podrá hacer por medio de la forma que le dé a sus ideas, sin importar cuales sean, pero para ese propósito su estilo de hablar es de vital importancia. Y así como el oyente debe ser complacido para mantener su atención, también tiene que ser persuadido para que se mueva a la acción".[35] En otras palabras, los predicadores necesitan buscar la mejor manera de usar su voz y cuerpo para comunicar el mensaje de Dios efectivamente, y así ganar el corazón de los oyentes y, como San Agustín diría, "moverlos" a la acción.

Algunos predicadores creen que para ser fieles al texto bíblico y para permitir al Espíritu Santo guiarles durante la entrega del sermón, ellos deben evitar cualquier pensamiento sobre el uso de su voz y cuerpo durante la entrega del sermón. Sin embargo, tal como Marguerite Shuster dice: "El hacer un trabajo mediocre en el púlpito al nivel de presentación no puede ser justificado como la manera propia de dar honor a Dios, así como tampoco se puede justificar el negarse a preparar un sermón al nivel de contenido basado en la idea de que uno quiere dar libertad al obrar del Espíritu (como si fuera más probable que el Señor redima y use nuestra negligencia en lugar de nuestro esfuerzo honesto)".[36] Shuster continua diciendo que la entrega del sermón debe entenderse como el acto en el que se incluyen ambos: el lenguaje

---

34   Ward, 51.

35   St. Augustine, *On Christian Doctrine*, (United States of America: Beloved Publishing, 2014), 146. (Mi traducción).

36   Marguerite Shuster, "The Truth and Truthfulness: Theological Reflections on Preaching and Performance," in *Performance in Preaching: Bringing the Sermon*

verbal y el lenguaje corporal. Cualquiera de estos dos lenguajes puede traicionar la verdad del mensaje por su incompetencia o fealdad.[37] Algunos predicadores temen que al aprender habilidades en el área de entrega del sermón, van a reinventarse a sí mismos completamente y, por lo tanto, no serán auténticos.[38] Sin embargo, es preferible que los predicadores sean conscientes de, y honestos sobre, su lenguaje verbal y corporal porque es precisamente al tener conciencia de esto que los predicadores encuentran el camino hacia una predicación auténtica y fiel.[39] Shuster hace una comparación entre un predicador y un atleta para explicar este concepto:

> Imagine que alguien le dice a una jugadora de futbol que ella no debe de ejercitar en el gimnasio, o correr para incrementar su resistencia, o practicar el pateo de la pelota porque echaría a perder su estilo "natural": obviamente, eso sería ridículo, para jugar un deporte bien, se requiere practicar y entrenar y desarrollar habilidades. La libertad del atleta en el juego es mejorada por la disciplina del atleta fuera del juego. Gracias a su disciplina, el atleta puede hacer todo tipo de cosas que de otra forma serían imposibles, y hacerlas sin pensar sobre ellas. El mismo razonamiento aplica para la predicadora que entrena en el uso correcto de su voz y cuerpo. Al aprender a usar su voz y cuerpo de una manera efectiva durante la entrega del sermón, la predicadora no está siendo deshonesta, como tampoco lo es cuando estudia griego y hebreo y un buen método exegético; la predicadora simplemente adquiere habilidades necesarias.[40]

---

to Life, eds. Jana Childers and Clayton J. Smith, (Grand Rapids: Baker Academy, 2008), 21. (Mi traducción).

37   Ibid., 24.
38   Ward, 26.
39   Childers, 48.
40   Shuster, 30. (Mi traducción).

De hecho, así como practicar un deporte ayuda al atleta a maximizar sus fortalezas y mejorar sus debilidades, aprender y practicar habilidades en el arte de entrega del sermón ayuda a los predicadores a identificar los talentos que Dios les ha dado y a usarlos a su máximo potencial.

Por lo tanto, la responsabilidad homilética de los predicadores implica que ellos lleguen al púlpito sabiendo bien lo que tienen que decir, a quién lo tienen que decir, y cómo lo van a decir.[41] La predicación no depende sólo de las palabras de la predicadora o el predicador, "pero también de la forma como usa y expresa dichas palabras".[42] Por lo tanto, "el 'cómo' de la predicación es tan importante como el 'qué'".[43] Ciertamente, "la manera como se transmite un mensaje comunica en sí misma la esencia de ese mensaje".[44] De acuerdo a Costas, "El predicador necesita, por tanto, preocuparse por lo que va a decir y por la manera cómo lo ha de decir; de lo contrario puede que predique una cosa y comunique otra".[45] Por consiguiente, al predicar un sermón, la predicadora o el predicador debe poner atención no solamente al contenido y a la audiencia, pero también a la forma en que usará su voz y cuerpo para transmitir efectivamente el mensaje que Dios le ha llamado a compartir con la comunidad de oyentes.

Algunos teólogos, como San Agustín, y más recientemente, Jana Childers, afirman que el texto bíblico es el que determina la forma del sermón y la manera en que la voz y el cuerpo del predicador serán usados al entregar el sermón.[46] Sin embargo, yo diría que la comunidad de

---

41   Costas, 170.
42   Ibid., 158.
43   Ibid.
44   Ibid.
45   Ibid.
46   Childers, 95.

oyentes también tiene una función muy importante en la determinación de la forma del sermón y la manera en que el predicador usará su voz y su cuerpo en la entrega del sermón. La tarea de la predicadora o predicador es "encontrar una manera de hablar el texto que haga que algo suceda en la vida del oyente". [47] Por lo tanto, los predicadores no solamente deben tener en mente la comunidad de oyentes y sus necesidades cuando estudian las Escrituras y preparan el sermón, pero también cuando determinan cómo usarán su voz y su cuerpo en la entrega del sermón. Por consiguiente, los predicadores deben tomar en cuenta tanto las voces representadas en el texto bíblico, así como la comunidad de oyentes, cuando determinan la mejor manera de usar su voz y cuerpo para comunicar efectivamente el mensaje de Dios.

En este sentido, la homilética es una disciplina en la que la predicadora o el predicador se da a sí mismo—da su propia voz y cuerpo al texto bíblico y a la comunidad de oyentes. [48] Sin embargo, aunque los predicadores ofrecen su propia voz y cuerpo al texto y a la comunidad de oyentes, ellos no sacrifican su identidad. Todavía es su propia voz y cuerpo, pero permiten que el texto bíblico y la comunidad de oyentes guíen el uso de su voz y cuerpo para así ser fieles al texto y efectivos en la manera que comunican el mensaje de Dios a los oyentes.[49] Es por eso por lo que al practicar la entrega del sermón, los predicadores deben preguntarse: ¿Está mi lenguaje verbal y corporal ayudando a que la palabra se entienda? ¿Cómo puedo usar mi voz y cuerpo en la entrega del sermón para que mi audiencia reciba el mensaje y sea conmovida y transformada? ¿Cómo puedo comunicar el mensaje siendo fiel tanto al texto como a las necesidades de la gente?

---

47   Ward, 24. (Mi traducción).
48   Childers, 97.
49   Ibid., 97.

Poner atención al uso de la voz y cuerpo durante la entrega del sermón es de vital importancia. Por ejemplo, si un predicador apunta con sus dedos, golpea el púlpito con sus puños, su postura es arrogante, y sus gestos faciales son desafiantes e intrusivos, él comunicará un mensaje autoritario y abusador. Es por eso por lo que los predicadores deben esforzarse por transmitir una presencia de púlpito auténtica, acogedora, y conversacional.[50]

El objetivo de las siguientes habilidades en el área de oratoria es ayudar a los predicadores a comunicar efectivamente el mensaje de Dios a la comunidad de oyentes.

Uso del Manuscrito y Contacto Visual

Como ya ha sido mencionado, los predicadores deben considerar la congregación y sus necesidades seriamente al predicar.[51] Si se predica con la ayuda de un manuscrito, la predicadora o el predicador debe leer el manuscrito de una manera conversacional y haciendo contacto visual con la congregación. Estudiar el manuscrito antes de predicarlo ayudará a los predicadores a identificar declaraciones relevantes que tendrán más impacto en la congregación si se mantiene contacto visual.[52]

Cuando se predica sin manuscrito, ayuda escribir el sermón y leerlo en voz alta hasta que el predicador haya internalizado la estructura, movimiento, y esencia del sermón. Usar un bosquejo puede también ayudar con las transiciones y palabras clave. Escribir el sermón antes de predicarlo también ayuda en la selección de palabras que pudieran comunicar más eficazmente el mensaje, a tener consciencia del mensaje

---

50   Shuster, 119.
51   Ibid.
52   Ibid.

que se está comunicando, a planear con anticipación las secciones de especial énfasis, y a determinar pausas e inflexiones.[53]

Ruido

El pastor y teólogo Pablo Jiménez resume el proceso comunicativo de la siguiente manera: "La comunicación ocurre cuando alguien dice algo de una cierta manera a alguien más y con un propósito. El 'alguien' es el *emisor,* el 'algo' es el *mensaje,* el 'de una cierta manera' es el *medio* o el *canal,* el 'alguien más' es el *receptor* y el 'propósito' es la razón para comunicarse en primer lugar".[54] Para que un mensaje sea transmitido, el mensajero debe codificar el mensaje. Esto significa que el mensajero debe seleccionar palabras, señales, o símbolos que permitan a otras personas entender el mensaje. De la misma manera, el recipiente debe descifrar el mensaje de una manera apropiada.[55] No obstante, algunas veces hay elementos que afectan la comunicación, lo cual es técnicamente conocido como "ruido".[56]

El proceso de comunicación puede ser obstruido cuando la predicadora o el predicador usa expresiones idiomáticas que algunas personas no pueden entender.[57] Este es un problema muy común en congregaciones donde predomina el idioma español. Generalmente, las congregaciones Hispanas en los Estados Unidos son culturalmente y étnicamente diversas dado a que sus miembros son originarios, o tienen raíces, de diferentes países donde se habla el idioma español. Como cada uno de estos países tiene sus propios dichos y modismos, los predicadores deben ser muy cuidadosos al usar palabras en su sermón

---

53   Costas, 169.
54   Pablo A. Jiménez, *Principios de Comunicación*, (Nashville: Abingdon Press, 2003), 30.
55   Ibid., 31.
56   Ibid.
57   Ibid.

que puedan tener un significado diferente para una persona de otro
país. Por ejemplo, el proceso de comunicación puede ser interrumpido
cuando el predicador usa palabras en su sermón que para personas de
otro país son ofensivas u obscenas.

También, el proceso de comunicación puede verse afectado
cuando los predicadores usan un vocabulario muy técnico que los
miembros de la congregación no entienden.[58] Como la predicadora
y patóloga del habla y del lenguaje Teresa L. Fry Brown sugiere: "El
lenguaje de la predicación deber ser cuidadosamente considerado para
poder sostener, informar, cambiar, o expandir la experiencia de fe de la
audiencia".[59]

El uso constante de muletillas, como "amén", "aleluya", "um",
"pero", etc. también interrumpe el proceso de comunicación. Por esta
razón, el predicador debe evitar usar muletillas durante la entrega del
sermón.

El Uso del Cuerpo

La discrepancia entre el lenguaje verbal y el lenguaje corporal
puede también afectar el proceso de comunicación, y convertirse en un
"ruido". Brown afirma:

> Las expresiones faciales son una parte externa importante
> para encarnar y transmitir emociones. Los ojos, labios, qui-
> jada, frente, lengua, y nariz voluntaria e involuntariamente
> reflejan enojo, miedo, tristeza, disgusto, sorpresa, despre-
> cio, vergüenza, o gozo. El reto para la predicadora no es
> solamente estar consciente de sus expresiones, pero tam-
> bién saber cómo sus expresiones faciales pueden afectar la
> transmisión de palabras en la predicación.[60]

---

58   Ibid.
59   Teresa L. Fry Brown, *Delivering the Sermon*, (Minneapolis: Fortress Press,
2008), 14. (Mi traducción)
60   Ibid., 61. (Mi traducción)

Cuando la predicadora o el predicador habla del amor de Dios haciendo gestos faciales que reflejan enojo, o cuando habla del juicio de Dios con un tono divertido, o ríe cuando está pidiendo a su audiencia solemnidad, el mensaje no está comunicándose efectivamente.[61] Consecuentemente, es importante que la actitud, el tono de voz, y los gestos de la predicadora o el predicador coincidan con el tono y el contenido del mensaje.[62]

Brown también advierte a los predicadores sobre el uso de sus manos: "El usar las manos cuando se predica puede impedir o ayudar a la comunidad de oyentes a recibir el sermón. El movimiento de las manos debe de coincidir con las palabras que se hablan—manos levantadas cuando se describe altura, apuntando hacia arriba o abajo cuando se habla del cielo y el infierno, movimientos cortos y precisos para puntualizar palabras, o movimientos abiertos para comunicar inclusión—para enriquecer la predicación".[63] El uso incorrecto de las manos puede afectar negativamente el proceso de comunicación. Algunos predicadores distraen a la audiencia durante la entrega del sermón cuando juegan con su joyería, mueven su cabello, ajustan la corbata, jalan su cinturón o aretes, se tocan la frente o la barba, juguetean con la estola, se abotonan o desabotonan el saco o chamarra, hacen sonar monedas en las bolsas del pantalón o falda, abanican biblias, apuntan con plumas, se acomodan los lentes, levantan el manuscrito, ajustan sus pantalones o faldas, juntan y separan las manos, tocan su boca, o ponen las manos en las bolsas del pantalón o falda.[64] También, los predicadores comunican tensión o incertidumbre cuando se agarran de los lados

---

61   Jiménez, 36.
62   Ibid., 120.
63   Brown, 61. (Mi traducción)
64   Ibid., 62.

del púlpito. Por otro lado, como se mencionó anteriormente, golpear el púlpito puede interpretarse como una necesidad del predicador de demandar atención o demostrar autoritarismo.[65]

Brown sugiere que los predicadores evalúen su manera de predicar video grabando dos o tres de sus sermones. Después de ver los sermones sin el sonido, los predicadores deben responder las siguientes preguntas:

1. ¿Qué emociones se están comunicando?

2. ¿Qué comunica mi cara?

3. ¿Cómo mi postura, gestos, movilidad, o movimiento de cabeza encarnan el sermón?

4. ¿Qué funciona? ¿Qué no funciona?[66]

Los predicadores deben comparar y contrastar los sermones sin audio. Después de hacer esto, ellos deben ver los sermones otra vez con sonido y responder las mismas preguntas.

El siguiente paso es preguntarse:

1. ¿Qué debo modificar en la manera en que entrego el ser-món para mejorar el proceso de comunicación?

2. ¿Qué debo retener?[67]

El Uso de la Voz

Durante la entrega del sermón, los predicadores deben usar su voz natural y un volumen de voz adecuado. También deben usar pausas, silencios, y cambiar el volumen y la entonación de su voz cuando estén tratando de enfatizar algo en específico.[68] De acuerdo a Brown:

---

65   Ibid.
66   Ibid., 70.
67   Ibid.
68   Jiménez, 118.

"A través de la voz compartimos actitudes, sentimientos, y matices del pensamiento. Los que escuchan saben no sólo lo que pensamos, pero también la esencia de nuestros sentimientos".[69] Por lo tanto, los predicadores necesitan poner atención a la manera en que usan su voz. Un ejercicio que los predicadores pueden realizar para mejorar el uso de su voz es video grabar dos o tres de sus predicaciones, y, mientras las ven, hacerse las siguientes preguntas: "¿Es mi voz agradable? ¿Refleja mi voz el mensaje que intento comunicar en pensamiento y sentimiento? ¿Refleja mi voz mi personalidad? ¿Está mi articulación (dicción) al nivel de mis estándares y expectativas personales? ¿Hay algo sobre mi voz que pueda mejorar? ¿Coinciden los cambios en tono, fuerza, duración, y calidad de voz con los cambios en pensamiento o sentimiento que trato de comunicar?"[70]

También es de vital importancia que los predicadores cuiden su voz. Brown provee, en su libro titulado *Delivering the Sermon,* los siguientes ejercicios que ayudan a calentar las cuerdas vocales antes de predicar y a mejorar la entonación:

> Después de respirar profundamente, cuente despacio, un número por segundo, en voz alta. Repita hasta que pueda contar, en voz alta y lentamente, hasta 15 en un solo respiro. Continúe hasta que pueda contar hasta 20 o 30 en un solo respiro.

> Otro ejercicio que puede hacer es pronunciar la vocal "a" en voz de pecho y prolongarla de forma monótona hasta que sienta que su aliento se agotó. Tome el tiempo de cada ejercicio. Al respirar, ponga su mano suavemente sobre su abdomen. La *Respiración Diafragmática* significa que su estómago se distiende cuando usted inhala aire. Si sus

---

69   Brown, 32 (Mi traducción).
70   Ibid.

hombros se mueven hacia arriba (respiración clavicular) y su estómago se hunde, usted está respirando incorrectamente y el flujo de aire será mínimo. [71]

Respirar correctamente también ayuda con la velocidad del habla. Conforme la predicadora o el predicador varia la velocidad del habla, necesita mantener una respiración relajada, voz limpia, articulación clara, fraseo apropiado, ritmo, e inflexión.[72]

La Vida del Sermón Después del Momento de Predicación

Jiménez afirma que la entrega del sermón es la culminación del proceso de homilética.[73] No obstante, yo creo que la vida del sermón continúa incluso después del momento de la predicación. El sermón tiene vida propia, y después que los predicadores entregan el sermón, ellos no tienen ningún control sobre el sermón. El sermón, teniendo espíritu y vida, actúa a su voluntad en la vida de la comunidad de oyentes. Es por eso por lo que es muy común que después de una predicación, que la predicadora o el predicador pudiera considerar como su peor sermón, la gente venga a darle las gracias por su sermón y a decirle que era el mensaje que necesitaban escuchar en ese momento. Por esta razón, a pesar de las limitaciones de la predicadora o el predicador, el mensaje del sermón puede tocar el corazón de las personas y transformar sus vidas positivamente.

Algunos sermones tienen más potencial que otros para transformar la vida de los oyentes y "moverlos" a la acción, pero todos los sermones que la gente escucha continúan viviendo dentro de ellos. Una vez que los oyentes reciben el sermón, no lo devuelven, se lo llevan

---

71   Brown, 40.
72   Ibid.
73   Jiménez, 115.

con ellos al partir del lugar de adoración. Por lo tanto, después de que un sermón ha sido entregado, no cesa de existir. Por consiguiente, es importante que los predicadores den seguimiento a los oyentes que pudieron haber sido afectados por el mensaje del sermón.

Hace unos meses, prediqué en mi iglesia un sermón sobre Éxodo 17:1-7. El sermón se desarrolló alrededor de la pregunta del versículo 7: "¿Está, pues, el Señor entre nosotros, o no?" En un momento de la predicación dije: "Me pregunto cuántas personas que han experimentado eventos traumáticos en sus vidas se han hecho la pregunta: '¿Está, pues, el Señor entre nosotros, o no?'...Me pregunto cuántas víctimas de tráfico sexual se han preguntado: '¿Está, pues, el Señor entre nosotros, o no?'" Conforme estaba pronunciando estas palabras, observé que una mujer joven, quien visitaba la iglesia por primera vez, lloraba profusamente. Era obvio que ella había sido afectada por las palabras de mi sermón. Como respuesta al sermón, en mi iglesia tenemos un tiempo de testimonios en el que las personas tienen la oportunidad de compartir como el sermón habló a sus vidas. Durante este tiempo, la congregación fue invitada a reflexionar sobre la siguiente pregunta: ¿En qué momento en su vida se ha preguntado si Dios está realmente entre nosotros? Después de un tiempo de silencio, la joven que había estado llorando durante mi sermón, se levantó de su asiento y compartió con toda la congregación que ella se hizo esa pregunta cuando fue abusada física y sexualmente y durante el tiempo que ella estuvo luchando con adicciones. Era obvio que, después del momento de la predicación, el sermón aún estaba afectando su vida, pero ahora yo ya no tenía ningún control sobre él. Ella se fue del servicio de adoración tomando el sermón con ella. Por consiguiente, decidí invitarla a reunirse conmigo para seguir reflexionando con ella sobre el mensaje del sermón que causo tal reacción en ella. Nos reunimos tres días después de que prediqué el sermón, y en cuanto empezamos a hablar me di cuenta que el sermón aún vivía dentro de ella.

Continúe Escuchando

Los predicadores necesitan estar preparados para continuar escuchando a las personas. Conforme los predicadores empiecen a abordar desde el púlpito temas que usualmente son un tabú en las iglesias, muy posiblemente, muchas personas que no se atrevían a hablar de esos temas antes se sentirán motivadas a hacerlo.[74] Por lo tanto, los predicadores deben estar disponibles para escuchar a las personas, especialmente si en el sermón se habló de alguna realidad dolorosa que alguna persona pudiera estar experimentando o haya experimentado.

Uno de mis profesores nos dio el siguiente consejo: "No tomen la crítica negativa muy seriamente, pero tampoco tomen el halago muy seriamente". Este consejo ha sido de mucha ayuda para mí. Sin embargo, en cuanto a la predicación, yo diría que los predicadores necesitan tomar la crítica negativa muy seriamente. Si un miembro de la comunidad de oyentes critica negativamente el sermón, el predicador o la predicadora debe escucharlo atentamente y buscar entablar un diálogo con él para hablar sobre lo que le molestó o incomodó del sermón, ya que puede haber un mensaje oculto detrás de la crítica.

Fomente Conversaciones en Grupos Pequeños Acerca de los Asuntos

Abordados en el Sermón

En algunas congregaciones se continúa reflexionando sobre el texto bíblico del que se predicó el domingo en los estudios bíblicos de la

---

74   McClure and Ramsay, 110.

semana. Esta es una práctica muy útil ya que da a las congregaciones la oportunidad de reflexionar, más profundamente, sobre el texto y el tema abordado en el sermón. Esta práctica también ayuda a los miembros de la congregación a escuchar y aprender de personas que tienen diferentes perspectivas sobre el tema.

En conclusión, el trabajo de la predicadora o el predicador es facilitar, mientras que al mismo tiempo es una parte esencial, la conversación entre el Espíritu, las Escrituras, y la comunidad de oyentes. Dado que esta conversación se da desde el momento en que el sermón recibe aliento de vida hasta que vive en las mentes y corazones de los oyentes, no podemos hablar sobre la vida del sermón durante el momento de la predicación sin hablar sobre la vida del sermón antes y después del momento de la predicación. Además, así como es necesario que la comunidad de oyentes esté presente en la mente y corazón de los predicadores cuando leen y estudian el texto bíblico, cuando preparan el sermón, y cuando practican la entrega del sermón, los predicadores deben estar disponibles para los miembros de la comunidad de oyentes conforme ellos continúan reflexionando acerca del mensaje del sermón y del efecto que éste tuvo en sus vidas.

Bibliografía

Bartow, Charles L.
> 1997. *God's Human Speech: A Practical Theology of Proclamation*. Grand Rapids: Eerdmans Publishing Co.

Bishops Committee on Priestly Life and Ministry.
> 1979. *Fulfill in Your Hearing*. Washington: United States Conference of Catholic Bishops.

Brown, Sally A. and Luke A. Powery.
> 2016. *Ways of the Word: Learning to Preach for Your Time and Place*. Minneapolis: Fortress Press.

Campbell, Charles.
> 2002. *The Word Before the Powers an Ethic of Preaching*, Louisville: Westminster John Knox Press.

Carter Florence, Anna.
> 2007. *Preaching as Testimony*, Louisville: Westminster John Knox Press.

Childers, Jana.
> 1998. *Performing the Word: Preaching as Theatre*. Nashville: Abingdon Press.

Costas, Orlandio.
> 1989. *Comunicación por Medio de la Predicación: Manual de Homilética*. Miami: Editorial Caribe.

Cozad Neuger, Christie.
> n.d.   *Counseling Women: A Narrative, Pastoral Approach*.

Deusen Hunsinger,
> 2015. *Deborah van. Bearing the Unbearable: Trauma, Gospel, and Pastoral Care*. Grand Rapids: William B. Eerdmans Publishing Company.

Fry Brown, Teresa L.
> 2008. *Delivering the Sermon*. Minneapolis: Fortress Press.

Herman, Judith.
    1992. *Trauma and Recovery: The Aftermath of Violence—From Domestic Abuse to Political Terror.* New York: Basic Books.

Jiménez, Pablo A.
    2003. *Principios de Comunicación.* Nashville: Abingdon Press.

John McClure,
    1998. "Preaching About Sexual and Domestic Violence," in *Telling the Truth: Preaching About Sexual and Domestic Violence,* eds. John S. McClure and Nancy J. Ramsay. Cleveland: United Church Press.

Jones, Serene.
    2009. *Trauma and Grace: Theology in a Ruptured World*, Louisville: Westminster John Knox Press.

National Children's Alliance: Empowering Local Communities to Serve Child Victims of Abuse.
    n.d.   http://www.nationalchildrensalliance.org/media-room/media-kit/national-statistics-child-abuse.

Pelias, Ronald J.
    2007. *Performance Studies: The Interpretation of Aesthetic Texts.* Dubuque: Kendall Hunt Publishing.

Shuster, Marguerite.
    2008. "The Truth and Truthfulness: Theological Reflections on Preaching and Performance," in *Performance in Preaching: Bringing the Sermon to Life*, edited by Jana Childers and Clayton J. Smith, Grand Rapids: Baker Academy.

St. Augustine,
    2014. *On Christian Doctrine.* United States of America: Beloved Publishing.

The Archbishop Oscar Romero Trust.
    n.d.   http://www.romerotrust.org.uk/homilies-and-writings/homilies/sowing-word-kingdom

Ward, Richard F.
> 1989.   *Speaking from the Heart: Preaching with Passion.*
> Eugene: Wipf and Stock.

Ward, Richatr F.
> 1994.   "Performance Turns in Homiletics: Wrong Way or
> Right On?" *Journal of Communication & Religion*
> 17, no. 1, (March 1994): 1-11.

Webb, Stephen H.
> 2004.   *The Divine Voice: Proclamation and the Theology
> of Sound.* Eugene: Wipf and Stock.